Georg Steinbichler

Die schönsten Wanderungen im
Werdenfelser Land

Bruckmann

Tourencharakter:
● = leicht ● = mittelschwer ● = anspruchsvoll

DAS WERDENFELSER LAND

Die Landschaft, die heute »Werdenfelser Land« genannt wird, verdankt ihre Gestalt riesigen Gletschern der letzten Eiszeit. Diese formten eine Region, die wesentlich geprägt ist von steilen Kalkgebirgen, lieblichen Tälern und kleinen Seen. Bis in eine Höhe von 1800 Metern reichen die Wälder hinauf, Almen breiten sich aus unter den Wänden des Karwendel- und Wettersteingebirges, im Tal liegen große Marktflecken und kleine Dörfer.

Bei allem Wandel und allen Eingriffen, welchen das Gebirge und seine Lebensadern, die Flüsse, gerade hier ausgesetzt waren, hat das Werdenfelser Land noch immer vieles zu bieten, worauf Menschen in der heutigen Zeit immer weniger verzichten können: Naturschönheit, Ruhe, die Gegensätzlichkeit von wilder, ursprünglicher Landschaft und Kulturlandschaft, am schönsten ausgebildet in den Almen im Karwendelgebirge, außerdem eine traditionsreiche Kultur und eine Bevölkerung, bei der ein Gast noch Gast ist.

Dieser Führer soll für alle eine Hilfe sein, die ohne Gefahr und ohne Leistungsanspruch auf schönen Wegen und Pfaden ins Gebirge gehen wollen. Er soll in Gegenden und auf Berge führen, wo der Wanderer zwar nicht unbedingt einsam, aber doch in Ruhe das, was er sehen will, zu Fuß und aus eigener Kraft erreichen kann.

Die Auswahl der Wandervorschläge richtet sich nach der gegebenen Vielfalt, klammert aber Wege aus, die gefährlich oder technisch anspruchsvoll sind. Auch sind einige Routen vorgeschlagen, bei denen Bergbahnen in Anspruch genommen werden können; besonders Familien mit kleineren Kindern werden es schätzen, wenn sich der Auf- oder Abstieg verkürzen läßt. Mit einer Ausnahme sind die Touren jeweils als Rundwanderung zusammengestellt, und in allen Fällen gibt es die Möglichkeit zur Einkehr in einer Alm, einer Hütte oder einem Gasthaus.

Das Werdenfelser Land wird durch das Zusammenspiel von Natur und Kultur so anziehend. Die Kultur dieser gesegneten Gegend ist ganz wesentlich geprägt vom Handel, von der Begegnung mit anderen Menschen, anderen Völkern. Schon die Römer bauten eine Straße über den Seefelder Sattel, um Truppen ins Land nördlich der Alpen bringen zu können. Diese Straße, deren 1932 freigelegte Reste man bei Klais betrachten kann (siehe Tour 4), verfiel im Mittelalter, und erst der Handel der reichen italienischen Städte mit dem Norden, vor allem mit Augsburg, ließ den Bau einer neuen Straße notwendig und lohnend werden. Besonders Mittenwald und Partenkirchen sowie Ettal profitierten davon. Der Wohlhabenheit der Werdenfelser Marktflecken sind außerdem großzügige Kirchenbauten wie in Mittenwald, Partenkirchen, Garmisch, Oberammergau und Murnau zu verdanken.

Heimindustrie Geigenbau

Zu Beginn des 18. Jahrhunderts erfuhr jedoch der Handel gewaltige Einbußen. In diese Zeit fiel die Intensivierung jener Handwerkskünste, die das Werdenfelser Land in aller Welt bekannt gemacht haben: des Geigenbaus und der Holzschnitzerei. Zum Zweck des Vertriebs ihrer Produkte zogen Mittenwalder und Oberammergauer auch weit über die bayerische Landesgrenze hinaus ins europäische Ausland und sogar nach Übersee. Eine echte wirtschaftliche Blüte aber erlebt das Werdenfelser Land erst mit dem Fremdenverkehr, also seit gut 100 Jahren.

Ist das Werdenfelser Land schon durch seine Natur und die bis ins 18. Jahrhundert errichteten beziehungsweise umgebauten oder erweiterten Kirchen eine Attraktion, so wird das alles an Bekanntheit und Anziehungskraft überboten von den Passionsspielen in Oberammergau und von Schloß Linderhof. Dabei finden die Passionsspiele nur alle zehn Jahre statt, aber Streitigkeiten in der Bevölkerung über den Text, über die Teilnahme verheirateter Frauen und vieles mehr bringen dieses Ereignis stets schon Jahre vor dem Aufführungstermin (der nächste: 2000) in die Medien. Schloß Linderhof hingegen wird mit jedem Jahr, das sein Erbauer nun schon unter der Erde liegt, interessanter; denn immer wieder werden neue Theorien über den »Märchenkönig«, über sein Leben und Ende veröffentlicht.

Es sind aber nicht nur die großen Dinge, die die Werdenfelser Kultur ausmachen. Es sei hier hingewiesen auf Kleinode wie die Wallfahrtskirche St. Anton in Partenkirchen, die errichtet wurde als Dank für die Verschonung von Kriegsgefahr, oder die Pestkapelle ebendort, entstanden 1634–37, das Sebastianskircherl. Und auch kleinere, weniger bedeutende Ortschaften wie Eschenlohe haben Kirchen, die einen Besuch wert sind. Nicht zu vergessen sind die zahlreichen Museen, von denen hier das Schloßmuseum in Murnau besonders hervorgehoben werden soll.

Wer im Werdenfelser Land wandert, kann also das Erlebnis der Natur, die Freude am Bergwandern verbinden mit dem Kennenlernen und Besichtigen von Kunstwerken, aber auch von anderen kulturell wichtigen Zeugnissen etwa des Bergbaus (Knappenhäuser) oder der Industrialisierung (Walchenseekraftwerk). Und natürlich finden die Wanderer hier nicht nur geistige Nahrung, sondern können sich an einer bodenständigen, gepflegten Gastlichkeit erfreuen. So ist das Brauwesen mit ganz hervorragenden Braustätten (Murnau, Mittenwald, Ettal) vertreten; Gasthäuser und Restaurants für jedweden Anspruch finden sich in den Orten des Werdenfelser Landes mehr als genug.

Noch ein letztes: Das Werdenfelser Land ist sehr gut für den öffentlichen Verkehr erschlossen. Dennoch verstopfen tagtäglich unzählige Autos die engen Durchfahrten der Orte an Loisach und Isar. In diesem Band sind daher die Verbindungen mit öffentlichen Verkehrsmitteln zu den jeweiligen Ausgangs- und Zielorten genannt; allerdings empfiehlt es sich wegen der häufigen Fahrplanwechsel, sich vor Antritt einer Fahrt zu informieren. Die Fremdenverkehrsämter der Region erteilen in der Regel kompetent Auskunft.

Da alle Wanderer Nutznießer der Natur sind, sei hier die Bitte geäußert, die Natur zu schonen und den Menschen, die nach Ihnen kommen, die Berge in dem Zustand zurückzulassen, in dem Sie sie vorgefunden haben!

Bleibt noch, Ihnen schönes Wetter und guten Tourenverlauf zu wünschen!

Kapelle in Vordergraseck

1 VON GRAINAU RUND UM DEN EIBSEE

Eine Wanderung rund um den Eibsee, das Kleinod zu Füßen der Zugspitze, zeigt im Kleinen, was das Werdenfelser Land im Großen zu bieten hat: idyllische Wasser, schroffe Berge, schöne, gut angelegte Wanderwege, freundliche Gasthäuser. Es ist schon einiges los in dieser Gegend, und doch: Wer es lieber weniger betriebsam hat, der findet zwischen Grainau und dem See stille Wege und einsame Pfade.

INFO ZUR TOUR

Ausgangs- und Zielort: Grainau.

Tourencharakter:
Einfache, aber recht lange Wanderung. Die Tour kann, mit Ausnahme der eigentlichen Eibseeumrundung, jederzeit abgebrochen werden; mit Bus bzw. Zugspitzbahn Rückfahrt nach Garmisch möglich.

Anfahrt:
Mit der Zugspitzbahn bis Bahnhof Grainau und mit dem Eibseebus bis Obergrainau oder mit dem Auto von Garmisch-Partenkirchen auf der B 23 Richtung Ehrwald/Reutte bis zur Abzweigung Grainau/Eibsee/Zugspitzbahn. Von dort den Wegweisern Zugspitzbad nach.

Gesamtlänge: 16 Kilometer.

Gehzeit: 5 bis 6 Stunden.

Höhendifferenz:
Mit allen Gegenanstiegen knapp 500 Meter.

Markierungen:
Wegweiser. Wegmarkierungen größtenteils unlesbar.

Die Grainauer Kirche vor den Waxensteinen

DER ZUGSPITZE ZU FÜSSEN

Die Ruhe des **Eibsees**, eingebettet in die Berge, die vielen kleinen Inselchen, der Kontrast dieses friedlichen Gewässers zur Schroffheit der Nordabstürze der Zugspitze, das ist schon von großem Reiz. Die Japaner, die mit der Gondel Richtung Zugspitzgipfel schweben oder, beschaulicher, aus der Zahnradbahn auf den See hinunterblicken – für sie steht fest, daß nicht einmal japanische Gartenanlagekunst je ein vergleichbares Kunstwerk

Christlhütte und Zugspitzbahn

vollbracht hat. Doch so schön auch der See von oben ist (und besonders schön ist er von gegenüber, vom Kramerspitz und vom Abstieg von der Stepberg-Alm aus), man muß ihn umwandern! Erst dabei kann man die Feinheiten sehen, die Bäche, die in den See fließen, die unterschiedlichen Farben des Wassers, die Nebel, wenn sie am Morgen die Oberfläche des Eibsees und die sieben Inseln freigeben… Und über allem liegt eine Ruhe, wie man sie sonst nur ganz oben im Gebirge findet, denn nirgends ist eine Straße, fern jede Ansiedlung. Eine Anmerkung aber sei hier gemacht: Natürlich ist ein landschaftliches

△ **Eibsee mit Zugspitzmassiv**

Schiffahrt auf dem Eibsee

▽ **Bei Grainau**

Schmuckstück wie der Eibsee nur selten einsam. Wer nicht wie in einer Prozession gehen will, der sei auf den frühen Morgen verwiesen, wenn irgend möglich an einem Werktag.

Vom Parkplatz in **Obergrainau** geht man ein Stück in Richtung Westen bis zum Kurpark. Hierher kommt man auch von der Station Grainau der Zugspitzbahn (man hält sich Richtung Dorfplatz, von wo der Kurpark schon zu sehen ist). Überquert man die Straße, die in die Dorfmitte führt, findet man jenseits einen Wegweiser zum Badersee und Eibsee (Markierung G 3). Den ersten Teil des Weges begleitet eine parkähnliche Landschaft: Felsentrümmer, Hügel, Laub- und Nadelbäume, ein Bach – und plötzlich kommt unterhalb des Wegs der **Rosensee** ins Blickfeld, eigentlich ein Teich, wie künstlich angelegt und dann lange Zeit sich selbst überlassen. Es geht ein Stückchen bergauf, dann erreicht man eine Gabelung, an der man sich rechts hält. Nur wenige Schritte, dann steht man am Ufer des **Badersees**. Wald umschließt diesen wundervoll ruhigen kleinen See (Ausnahme: das Hotel), um den man herumspazieren kann: Auf der Westseite des Hotels folgt man dem Weg G 3, ein Wegweiser zeigt die Richtung zum Eibsee. Jetzt wandert man erst einmal durch Wald, vorbei an Tennis- und Eisstockplätzen, dann geht es ein wenig bergauf und gleich wieder bergab, und an der nächsten Gabelung (kein Wegweiser) wendet man sich rechts. Es folgt eine Almweide (Wegweiser Eibsee), über die eine sehr schöne Allee, natürlich nur für Fußgänger, aus Ahorn, Eschen und Buchen führt. Bald ist man an der Straße zum Eibsee angelangt, an der linker Hand die **Zugspitz-Zahnradbahn** zu sehen ist. Hat man die Straße überquert, steigt man nun ein gutes Stück bergauf. An der nächsten Gabelung hält man sich geradeaus, an der darauf folgenden nach links (Schild). Bald gelangt man auf den Sattel, der den Eibsee nach Osten abschließt – hier ist für Autofahrer Endstation (Parkplatz; Talstation der Zugspitz-Seilbahn und Station der Zugspitz-Zahnradbahn). An diesem Sattel wendet man sich nach rechts, dem Schild **Eibsee-Rundweg** nach. Anfangs führt der Weg etwas oberhalb des Ufers dahin. Bald aber geht es bergab, und da ist dann auch schon die Brücke erreicht, auf der man die Engstelle überqueren muß (kein Wegweiser!), die den Untersee vom Hauptgewässer trennt. Geradeaus kommt man zwar ebenfalls ans Ziel, doch verläuft der teils nur schmale Steig sehr weit weg vom Eibsee in Richtung Griesen.

Von der Brücke bis zum Ende des Rundwegs bleibt man immer auf dem Weg, ignoriert also sämtliche Abzweigungen. Nach etwa 2 Stunden ab der Anhöhe vor dem See ist man wieder an der Ostseite angelangt. Von hier aus kann man mit einem Motorboot eine **Seerundfahrt** machen oder auch mit einem Ruder- oder Tretboot über das Wasser gondeln.

Wer nun genug hat vom Marschieren, der kann entweder mit dem Bus oder mit

☞ AUF EINEN BLICK

Empfohlene Jahreszeit:
Frühsommer bis Spätherbst. Am schönsten im Oktober, wenn die Bäume sich schon gelb und rot gefärbt haben und oft Reif auf den Wiesen und Schnee auf den hohen Bergen liegt.

Öffentliche Verkehrsmittel:
Bus und Zugspitzbahn von Garmisch aus. Bis Garmisch-Partenkirchen von München aus stündlich Zugverbindung (»Werdenfels-Takt«). Die Zugspitzbahn fährt alle 40 Minuten. Fahrtzeit Partenkirchen–Eibsee: 40 Minuten.

Empfohlene Gebietskarte:
Bayerisches Landesvermessungsamt 1:50 000, Blatt Karwendelgebirge/Werdenfelser Land; Kurwegekarte 1:25 000 Garmisch-Partenkirchen/Grainau/Farchant.

Einkehrmöglichkeiten am Weg:
Hotel am Badersee mit Café und Kiosk; Hotel und Cafés am Eibsee; Neuner-Alm (Donnerstag Ruhetag).

Unterkunft:
Hotels am Badersee und Eibsee. Zahlreiche Hotels und Pensionen in Grainau, Hammersbach, Garmisch-Partenkirchen.

Camping:
Campingplatz rechts der Strecke Garmisch–Reutte an der B 23. Campingplatz am Tennsee zwischen Garmisch-Partenkirchen und Mittenwald.

Bademöglichkeit:
Der Eibsee gehört nicht zu den Seen, die sich sehr schnell erwärmen. Es gibt aber dort und am Badersee die Möglichkeit zu schwimmen. Empfehlenswert ist das Zugspitzbad in Grainau mit Hallen- und Freibad, Sauna etc.

Sehens- und Wissenswertes:
Die Bayerische Zugspitzbahn, die eine Höhendifferenz von 1950 Metern überwindet, wurde in den Jahren 1928 bis 1930 erbaut. Der Tunnel von Station Riffelriß bis zur Bergstation Sonn-Alpin auf dem Platt ist 4½ Kilometer lang.

Alternative für schlechtes Wetter:
Prinzipiell kann diese Wanderung bei jedem Wetter unternommen werden. Man sollte allerdings bei schlechten Witterungsverhältnissen die Rückfahrt mit dem Bus antreten (Zugspitzbahn sehr kalt; lange Fahrzeit). Außerdem bietet sich das Zugspitzbad in Grainau als Ausweichmöglichkeit. Die Marktgemeinde Garmisch-Partenkirchen hat zudem ein umfangreiches Kulturangebot.

Auskunft:
Verkehrsamt Grainau, Waxensteinstraße 5, 82491 Grainau; Tel.: (08821) 81411.

der Zahnradbahn nach Grainau zurückfahren. Wer aber noch auf dem schönen **Höhenweg** nach Grainau wandern will, der muß zur Station Eibsee der Zahnradbahn gehen (an der Seilbahn vorbei, dort Hinweisschild zur Zahnradbahn), dort die Gleise überqueren (Straße zum ostseitigen Parkplatz) und dann den Schildern Höllentalklamm, Neuner-Alm, Grainau folgen.

Der erste Teil des Weges, eine Forststraße, führt bergan. Von hier oben genießt man einen wunderbaren Tiefblick auf das Loisachtal, auf Grainau und hinaus auf Garmisch. Nach etwa einer halben Stunde erreicht man eine Gabelung, wo man sich dem Wegweiser Höllentalklamm, Neuner-Alm, Grainau entsprechend nach links wendet. Es geht von hier ab nur mehr bergab. Schon bald teilt sich der Weg wieder, und man hält sich links (Schild Neuner-Alm und Grainau). An einem Wetterkreuz geht man nach rechts, dann wieder nach links; die **Neuner-Alm** liegt, von oben nicht sichtbar, unterhalb einer Wiese, die der Wanderweg quert. Schon bald hat man die Hütte erreicht, wandert an ihr links vorbei und kommt auf eine schmale Straße (Wegweiser nach Grainau). Man folgt dieser Straße bis in den Ort, wo man den Schildern Kurpark nachgeht. Nur wenige Schritte sind es nun zum Bahnhof beziehungsweise zum Parkplatz.

✎ DER BESONDERE TIP

Sehr gut läßt sich diese Wanderung mit einer kleinen Radfahrt verbinden; Voraussetzung ist ein Mountain- oder Trekking-Bike. Der Vorteil: Man sieht nicht weniger als der Wanderer, man spart aber viel Zeit ... Man benützt dabei im Prinzip den gleichen Weg wie die Wanderer (G 3 ab Zugspitzbad). Am Rosensee und Badersee muß das Rad geschoben werden, hier gibt es nur einen schmalen Fußweg. Ist man später am Tag unterwegs, wenn schon viele Wanderer die Wege nahe Grainau bevölkern, fährt man am besten von Grainau bis zur Christlhütte (wo der Wanderweg auf einer großen Wiese die Straße kreuzt und sich Bahn und Straße fast berühren, steht recht versteckt das alte Hüttlein) auf der Teerstraße, dann auf dem Wanderweg (Markierung E) bis zum Parkplatz am Eibsee. Den Rundweg nicht per Rad angehen! Die Rückfahrt ist auf der beschriebenen Route über die Neuner-Alm empfehlenswert.

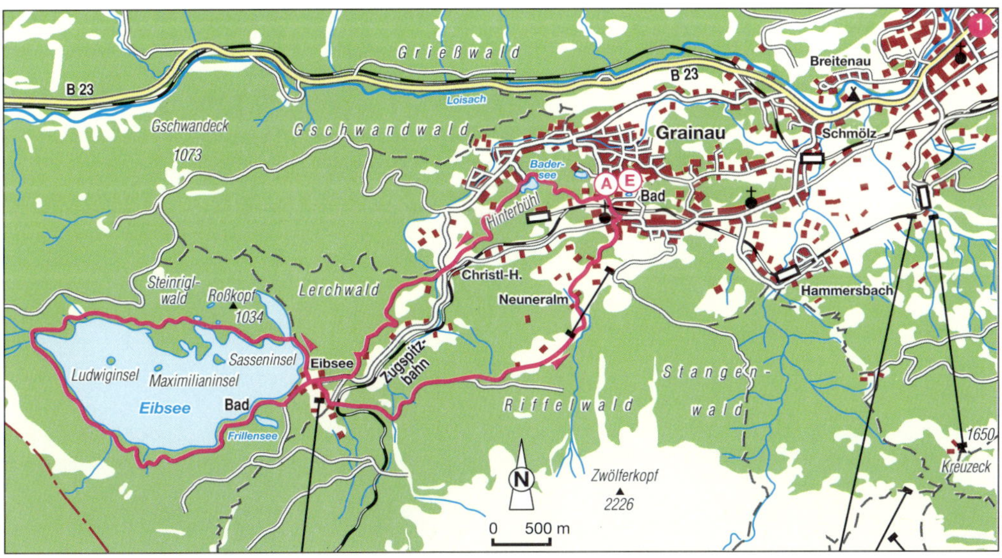

2 ZWISCHEN OBERAU UND ESCHENLOHE

Das Werdenfelser Land bietet eine ganze Reihe von Wanderungen, die relativ bequem in höhere Lagen führen und doch die Reize der Berglandschaft aufweisen. Denn hier fallen die Berge steil, ohne Übergang, bis in die Täler ab. Besonders im Loisachtal ist das zu beobachten: Das Estergebirge bricht gut 1000 Höhenmeter fast senkrecht ab, mit felsigen Flanken und steilem Wald. Zusammen mit dem Moor ergibt sich daher ein starker Kontrast von Lieblichem und Schroffem.

INFO ZUR TOUR

Ausgangs- und Zielort:
Oberau im Loisachtal.

Tourencharakter:
Wanderung auf gut ausgebauten Wanderwegen. Am Anfang und am Ende der Tour kurze geteerte Wegstrecken. Keine nennenswerten Anstiege.

Anfahrt:
Mit dem Auto auf der B 2 von München beziehungsweise Garmisch oder auf der B 23 aus Richtung Augsburg/Oberammergau bis Oberau. Mit dem Zug bis zur Station Oberau, Bahnlinie München–Garmisch-Partenkirchen.

Gesamtlänge: 13 Kilometer.

Gehzeit: 3 bis 3½ Stunden.

Höhendifferenz: Gering.

Markierung: Wegweiser.

Hof in Oberau

Loisachbrücke in Eschenlohe

◁ Der Kuhfluchtgraben bei Farchant

△ **Mühlbach und Loisachmoos gegen Ettaler Manndl**

LOISACHTAL UND SIEBEN QUELLEN

Eine Wanderung von Oberau nach Eschenlohe vermittelt erste Eindrücke von der Schönheit des Werdenfelser Landes: von belebteren oder ruhigeren Dörfern, von wilden Bächen und ruhigeren Wassern, von steilen Bergen und sanften

Auf dem Weg zu den Sieben Quellen

◁ **Wegkreuz im Loisachtal bei Farchant**

Flußauen. Das Herz der Wanderung ist die Loisach, der Fluß, der im Tiroler Teil des Wettersteingebirges entspringt, den Kochelsee durchfließt und bei Wolfratshausen, nicht weit von München entfernt, die Isar speist. Wie anders ist der Fluß hier, im »Moos«! Ist die Loisach in Grainau noch wild und ungebärdig, so zeigt sie sich hier ruhig und doch flink, und in Eschenlohe schließlich ist sie ein Stück weit begradigt.

Und von allen Seiten fließt ihr Wasser aus den Bergen zu, ein Bach am anderen kommt herab vom Estergebirge oder entspringt zu dessen Füßen. »Bei den Sieben Quellen«: Der Name kommt nicht von ungefähr!

Die Tour beginnt mit dem lieblicheren Teil der Wanderung an der Loisach entlang nach Eschenlohe. Vom **Bahnhof Oberau** geht man ein Stück weit nach Süden, bis zur Brücke über die Loisach. Wer mit dem Auto angereist ist, kann gleich jenseits der Bahngleise das Auto parken, also noch vor der Brücke. Ist dieser Parkplatz besetzt, fährt man über die Brücke und dahinter gleich nach links zu einem Wanderparkplatz.

DER BESONDERE TIP

Der hier beschriebene Weg eignet sich besonders gut zum Radfahren (robustes Sportrad, Mountain- oder Trekking-Bike). Er läßt sich über Oberau hinaus verlängern bis Farchant; Markierung: F 0. Lediglich vor dem Golfplatz Oberau muß das Rad ein Stück über eine Schuttreiße geschoben werden. Gesamtlänge bis Farchant und zurück: 23 Kilometer. In Farchant sollte man nicht versäumen, den Kuhfluchtfällen einen Besuch abzustatten: Man folgt in Farchant/Mühldörfl den Schildern Kuhflucht (Markierung F 1) und fährt ein Stück Richtung Fuß des Hohen Fricken; wo sich der Weg gabelt, stellt man das Rad ab und folgt dem rechten Weg (Markierung F 1) bis zu den Wasserfällen. Eine Weiterfahrt nach Garmisch-Partenkirchen ist auf dieser Strecke (ab Farchant: »Philosophenweg«) nicht möglich; hierfür steht ein Radweg entlang der Bahn bzw. der B 2 zur Verfügung.

Hinter der Loisachbrücke geht man nach links, den Wegweisern Eschenlohe und Rundweg nach. Man hält sich also auf der orografisch rechten Seite der Loisach; das ist deshalb wichtig, weil der Weg auf der linken Seite näher an Bahn und Bundesstraße heranführt und zudem längst nicht so abwechslungsreich ist. Anfangs bewegt man sich auf einer Teerstraße, doch schon

AUF EINEN BLICK

Empfohlene Jahreszeit:
Herbst. Da der Weg im Tal verläuft, kommt natürlich das ganze Jahr in Betracht. Nach längeren Regenfällen ist der Weg teilweise etwas sumpfig.

Öffentliche Verkehrsmittel:
Von München aus verkehrt die Bahn stündlich bis Garmisch-Partenkirchen (»Werdenfels-Takt«). Mögliche Stationen: Eschenlohe und Oberau.

Empfohlene Gebietskarte:
Bayerisches Landesvermessungsamt 1:50 000, Blatt Karwendelgebirge/Werdenfelser Land.

Einkehrmöglichkeiten am Weg:
Gasthäuser in Eschenlohe. Auf der Strecke selbst keine Einkehrmöglichkeit.

Unterkunft:
In Eschenlohe und Oberau, aber auch in Farchant gibt es zahlreiche Gasthäuser.

Camping:
Campingplätze am Staffelsee bei Seehausen, in Riegsee (in der Nähe von Murnau), Garmisch (an der B 23 Richtung Reutte) und am Tennsee. In unmittelbarer Nähe keine Campingmöglichkeit.

Bademöglichkeit:
Schwimmbad Ohlstadt (Freibad); Bad am Pflegersee oberhalb von Garmisch-Partenkirchen; Warmbad Werdenfels in Farchant.

Sehens- und Wissenswertes:
Ganz in der Nähe, im Murnauer Moos, wurde bei Arbeiten im dortigen Steinbruch ein Wehrdorf aus der Römerzeit entdeckt. Die Funde sind dokumentiert im Schloßmuseum Murnau.

Alternativen für schlechtes Wetter:
Besuch der Museen in Murnau (Schloßmuseum, Münterhaus), Garmisch (Werdenfelser Heimatmuseum), Mittenwald (Geigenbaumuseum mit Schauwerkstatt). Walchenseekraftwerk in Kochel am See. Freilichtmuseum (Bauernhofmuseum) auf der Glentleiten bei Großweil mit Schwerpunkten ländliches Wohnen, Bauen und Wirtschaften; von April bis Oktober geöffnet (außer montags).

Auskunft:
Verkehrsamt Oberau, Schmiedeweg 10, 82496 Oberau; Tel.: (0 88 24) 83 05.
Verkehrsamt Eschenlohe, Murnauer Straße 1, 82438 Eschenlohe; Tel.: (0 88 24) 82 28.

bald, in der Nähe des Klärwerks, endet diese, und ein gesandeter Fahrweg beginnt. Rechts liegen erst Ober- und Unterfilz, dann das **Pfrühlmoos**, das sich bis an den Fuß des Estergebirges erstreckt. Immer wieder verlaufen kleine Wege ins Moos hinein; sie brechen aber stets nach kurzer Strecke ab.

Der Weg, der sich zwischendurch von der Loisach entfernt hatte, führt bald wieder am Fluß entlang; an einigen Stellen nähert er sich der Bahnlinie und damit auch der Bundesstraße; allerdings nur für jeweils kurze Abschnitte. So erreicht man nach etwa 5½ Kilometern **Eschenlohe**. Vor den ersten Häusern überquert man den Mühlbach bei einem Gatter. Nun kann man einen Abstecher in den Ort unternehmen, um die Clemens-Kirche aus dem 18. Jahrhundert anzuschauen oder um in einem der gemütlichen Eschenloher Wirtshäuser zu rasten. Doch zurück zu dem Gatter am Mühlbach: Gleich dahinter geleiten die Wegweiser Oberau und Urspringquellen (andere Wegweiser auch Bei den Sieben Quellen) den Wanderer an eine Sandstraße, die in Richtung auf den Fuß des Estergebirges einen Hügel hinaufführt. Unten, im Moos, fließt der Mühlbach, hier eigentlich mehr ein schmaler See. An einer Brücke (**Bei den Sieben Quellen**) überquert man den Bach und geht weiter durch schattigen Wald. Man kann hier den Weg verlassen und auf einem kleinen Pfad dem Bachlauf folgen: einem sehr schönen Wasser mit vollkommen ursprünglicher Au!

Etwa in der Mitte der Strecke überquert der Weg große Schuttreißen, die vom Archtal- und Schindlerskopf herabziehen. Man kann sich vorstellen, was hier bei schweren Gewitterregen los ist: Riesige Felsbrocken hat das Wasser herabgeschwemmt, weit in die Ebene hinein, zwischen dem Schotter liegen Wurzeln, Baumstämme … Ein ganz gewaltiger Eindruck ist es, der sich dem Wanderer hier bietet. Doch bald schon geht es hinaus ins ebene Terrain, vorbei am Golfplatz, und, nun wieder auf einem geteerten Weg, hinüber zur Loisachbrücke.

Zum Schluß sei noch ein anderer Ausgangspunkt erwähnt: Wer dem besonders an Wochenenden permanenten Stau um Oberau/Farchant entgehen will, reist am besten mit der Bahn an (»Werdenfels-Takt« von München aus). Warum also nicht gleich in Eschenlohe aussteigen? Man wandert dann die Tour von Eschenlohe über die Sieben Quellen nach Oberau und an der Loisach entlang zurück nach Eschenlohe. Vom Eschenloher Bahnhof geht man zunächst zur Kirche, dann auf der Straße weiter bis zur Loisachbrücke, überquert diese und folgt unmittelbar dahinter einem kleinen Fußweg bis zu dem Gatter an der Brücke über den Mühlbach, das oben erwähnt ist. Im ganzen Ort gibt es übrigens genügend Wegweiser zu den Urspringquellen beziehungsweise Bei den Sieben Quellen.

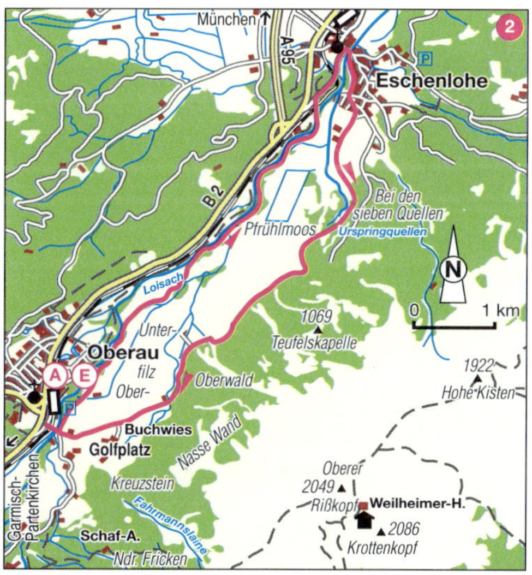

3 DURCHS MURNAUER MOOS UND AN DEN STAFFELSEE

Das Murnauer Moos und die angrenzenden Seen sind der nördliche Zugang zum Werdenfelser Land. Von hier aus kann der Wanderer die Berge betrachten, Zugspitze und Alpspitze, Ettaler Manndl und Laber, die Gipfel des Estergebirges und den Heimgarten. Am Staffelsee angelangt, kann er sich am Blick auf die sieben Inseln dieses Sees erfreuen.

INFO ZUR TOUR

Ausgangs- und Zielort:
Murnau am Staffelsee/Ramsachkirche.

Tourencharakter:
Leichte Wanderung auf gut angelegten Wegen. Nur ein kleiner Teil nach Regenfällen etwas sumpfig.

Anfahrt:
Mit dem Zug von München über Weilheim nach Murnau, dann mit der Nebenstreckenbahn Richtung Bad Kohlgrub bis Station Seeleiten/Berggeist. Hier weiter wie im Text beschrieben. Mit dem Auto auf der A 95 bis Ausfahrt Murnau/Kochel. Weiter nach Murnau und im Ort Richtung Garmisch. Hinter der Unterführung nächste Straße nach rechts, Schilder Gasthof Ähnl und Hotel Alpenhof. Wegweiser Ramsachkirche.

Gesamtlänge: 15 Kilometer.

Gehzeit: 4½ Stunden.

Höhendifferenz: 100 Meter.

Markierung: W; teils rote Punkte an Bäumen.

Am Staffelsee

DURCH EISZEITLICHE RELIKTE

Das Murnauer Moos, womit nicht Pflanzliches bezeichnet ist, sondern das Moor, ist ein Relikt der letzten Eiszeit. Die Gletscher der Würmeiszeit, die vor etwa 10 000 Jahren zu Ende ging, hatten am Rande des Estergebirges und der Ammergauer Alpen eine große Fläche ausgeschürft, in der sich dann ein See bildete. Aus diesem See ragten nur ein paar Inseln heraus, im Idiom der Gegend Köchel genannt (verwandt mit Kogel), die seit Jahrzehnten zum Teil der Gewinnung von Quarzig-Schotter dienen. Auf der Fahrt nach Garmisch sieht man zum Beispiel die Materialseilbahn, die den Kies vom Hartsteinwerk Langer Köchel ins Werk nach Eschenlohe transportiert. Am Moosberg, aus dem ebenfalls Schotter abgebaut wird, fand man ein Wehrdorf aus der Römerzeit – im Schloßmuseum Murnau kann man sich darüber informieren.

Doch nicht nur von landschaftlichen Kleinoden soll hier die Rede sein; auch die Stadt **Murnau** selbst mit ihren kulturell interessanten Angeboten muß genannt werden. Es kann dem Wanderer, wenn er schon einmal in der Gegend ist, vor allem ein Besuch im **Schloßmuseum** empfohlen werden. Er findet dort viele Informationen über die Geschichte des Marktes und den Broterwerb seiner Bewohner, er erfährt einiges über die alten Bauwerke, vor allem aber ist das Murnauer Schloßmuseum ein Museum der Künstler. In erster Linie sind es Gabriele Münter und Wassily Kandinsky, die das Bild Murnaus in der Kunstgeschichte prägen.

Doch nun zur Route: Direkt an der Südwestseite der Kirche führt eine Brücke über die Ramsach (hier ein Wegweiser Moos-Rundweg). Man geht nun auf einer kleinen

»Strahdrischen« im Murnauer Moos

Straße (sie ist für Kraftfahrzeuge gesperrt) immer an der Ramsach entlang Richtung Süden und dann nach Südwesten. Von hier schon hat man einen herrlichen **Blick auf das Estergebirge** mit Herzogstand und Heimgarten und die Hohe Kisten, die so etwas wie ein Murnauer Wahrzeichen ist, bis hinein ins Wettersteingebirge und auf das sehr nahe Ettaler Manndl.

An einer Brücke wendet man sich nach rechts, überquert die Ramsach (Wegweiser) und erreicht einen Wald. Obwohl Torfgewinnung nur an seinem Rand möglich ist, wird dieser Wald **Langer Filz** genannt – eine Filzen oder ein Filz ist ein Moor, in dem Torf abgebaut, »gestochen« werden kann. Im Wald, der den Wanderer nun für längere Zeit aufnimmt, trifft man auf mehrere Forststraßenkreuzungen. Da der Moos-Rundweg nicht überall beschildert ist, folgt man am besten den Hinweisschildern für Radfahrer. Wenn man dann den Wald verlassen hat (nach gut einer Stunde Gehzeit

Marktstraße in Murnau

von der Kirche an), ist man schon bald im Dorf **Westried**. Hier hält man sich rechts, ein Wegweiser zum Moos-Rundweg ist zu sehen, und wandert ein kleineres Stück auf dem Gehsteig bis zur Fabrik »Kern«. Hier geht man nach links und überquert die Gleise der Bahnstrecke Murnau–Bad Kohlgrub. Wenig später ist die große Verbindungsstraße Murnau–Bad Kohlgrub erreicht, auf deren anderer Straßenseite man ein paar Meter in die Gegenrichtung (Bad Kohlgrub) läuft, bis kurz hinter der Einfahrt zur Firma Floringo der Wegweiser zum Staffelsee steht. Am Ende des Fabrikgeländes hält man sich an dem kleinen Waldweg geradeaus. Nach hundert Metern folgt eine Gabelung; hier nimmt man den mittleren Weg (an den Bäumen rote Markierungen). Nach einer weiteren Gabelung (Wegweiser Große Staffelseeschleife) führt ein recht kleiner Weg sehr bald in sumpfiges Gelände; dort, wo Markierungen oder Wegweiser sehr nützlich

Ramsachkirchlein am Murnauer Moos

wären, sind leider keine zu finden. Benützen Sie hier den sehr schlechten Waldweg abwärts. Weiter unten wird er wieder recht ordentlich; dann kommt eine Brücke, und nun folgt man immer dem Grainbach (an den Bäumen wieder Markierungen) bis ans Ufer des **Staffelsees**. Im Herbst und Winter ist der Blick von hier, von der äußersten Südwestecke des Sees, besonders schön. Das Wasser ist so intensiv blau, die Luft so klar, und das Ufer ist voll braunen Schilfs. Zum Greifen nah erscheinen von hier aus die Inseln.

Am See wendet man sich nach rechts (links geht es nach Uffing) und bleibt nun für etwa 2½ Kilometer auf der Uferstraße, mal unmittelbar am Wasser, mal weiter weg. Gleich an der ersten Badestelle biegt man nach rechts ab (Wegweiser Moos-Rundweg über Berggeist). Ab hier ist ein Stück Wald zu durchwandern: sehr schön, still und schattig. Dann taucht man wieder auf in die Zivilisation, konkret: an der

DER BESONDERE TIP

Der Staffelsee war vor Jahrhunderten ein Zentrum besonderer Art: Auf der Insel Wörth, der größten der sieben Inseln, stand eine Kirche (vom hl. Bonifatius gestiftet), die 1773 abgerissen wurde. Die Steine verwendete man, so praktisch kann Denkmalschutz sein, zum Bau der Seehauser Pfarrkirche. Die Fronleichnamsprozession, die alljährlich – wenn das Wetter es erlaubt – von Seehausen aus über das Inselchen St. Jakob zur Insel Wörth abgehalten wird, zieht eine Unmenge von Zuschauern an. Nur wenigen gelingt es, auf einem der Boote Platz zu finden, denn die sind belegt von – Fernsehteams! Diese Prozession kann in gewissem Sinne als einmalig gelten; in ganz Bayern gibt es nämlich außer auf dem Staffelsee nur noch eine einzige Seeprozession: auf dem Chiemsee, von der Fraueninsel aus. Auf Wörth steht heute eine kleine Kapelle; vor langer Zeit aber hatte die Insel sogar Verbindung mit dem Festland: Von der Halbinsel Burg, jetzt ist dort ein Zeltplatz, führte über St. Jakob ein Steg auf die Insel. Man wär seinerzeit also nicht vollkommen angewiesen auf den ja nicht ungefährlichen Schiffsverkehr.

AUF EINEN BLICK

Empfohlene Jahreszeit:
Von März bis Oktober; im Winter kann man bei guter Schneelage die Moos-Runde mit Langlaufskiern gehen.

Öffentliche Verkehrsmittel:
Bahnverbindung von München über Weilheim nach Murnau und weiter mit der Nebenstreckenbahn Bad Kohlgrub/Oberammergau bis Station Seeleiten/Berggeist.

Empfohlene Gebietskarte:
Bayerisches Landesvermessungsamt 1:50 000, Blatt Pfaffenwinkel/Staffelsee.

Einkehrmöglichkeiten am Weg:
Gasthof Berggeist; Gasthof Ähnl an der Ramsachkirche.

Unterkunft:
Gasthäuser aller Kategorien in Murnau. In Seehausen, Uffing, Riegsee, Ohlstadt, Eschenlohe Gasthäuser und private Unterkunft.

Camping:
Campingplätze in Murnau am Staffelseeufer (Riedhausen), auf der Insel Buchau im Staffelsee und am Riegsee (bei Hofheim und Riegsee).

Bademöglichkeit:
Am Staffelsee zahlreiche Badeplätze bzw. Bademöglichkeiten.

Sehens- und Wissenswertes:
Das Schilf im Moos wurde von den Bauern geerntet und als Einstreu verwendet. Die Mahd wurde alle zehn Jahre verlost. Noch heute sieht man im Murnauer Moos, aber auch in den Dörfern um das Moos herum gelegentlich »Strahdrischen«, außerhalb der bäuerlichen Anwesen gelagertes trockenes Schilf – beliebtes Motiv des »Blauen Reiters«.
In den Monaten April bis Oktober finden je am ersten und dritten Wochenende »Wanderungen auf den Spuren des Blauen Reiters« statt. Neben Wanderungen im Moos und in der Stadt stehen Besichtigungen des Schloßmuseums und des Kochler Franz-Marc-Museums auf dem Programm. Das Verkehrsamt gibt darüber einen Prospekt heraus.

Alternativen für schlechtes Wetter:
Freilichtmuseum Glentleiten; Schloßmuseum in Murnau; Franz-Marc-Museum in Kochel; Hallenbad »Trimini« in Kochel.

Auskunft:
Verkehrsamt Murnau, Kohlgruber Straße 1, 82418 Murnau; Tel.: (0 88 41) 20 74. Verkehrsamt Seehausen, Johannisstraße 8, 82418 Seehausen; Tel.: (0 88 41) 35 50.

großen Straße, die man überquert. Gegenüber ist das **Gasthaus Berggeist**, an dem man links vorbeigeht. Dann passiert man die Gleise der Bahn nahe dem Gasthof (wer mit der Bahn kommt, steigt hier in den Rundweg ein), hält sich anschließend rechts, Richtung Südwesten, und kommt nach einem kleinen Waldstück auf eine Wiese. Von hier genießt man einen einmalig schönen Ausblick über das Moor und zu den Bergen!

Der Weg wendet sich nun nach links (Wegweiser Ramsachkirche). Nach einem kleinen Stück bergab sieht man auch schon das Ziel, die **Ramsachkirche**. Der Weg führt nun immer Richtung Osten, am Fuß des Höhenzuges entlang. Von hier hat man noch etwa 20 Minuten zur Kirche. Innere oder kulinarische Einkehr oder auch beides ist dort möglich.

So schließt eine sehr schöne Wanderung in einer ganz einmaligen Gegend.

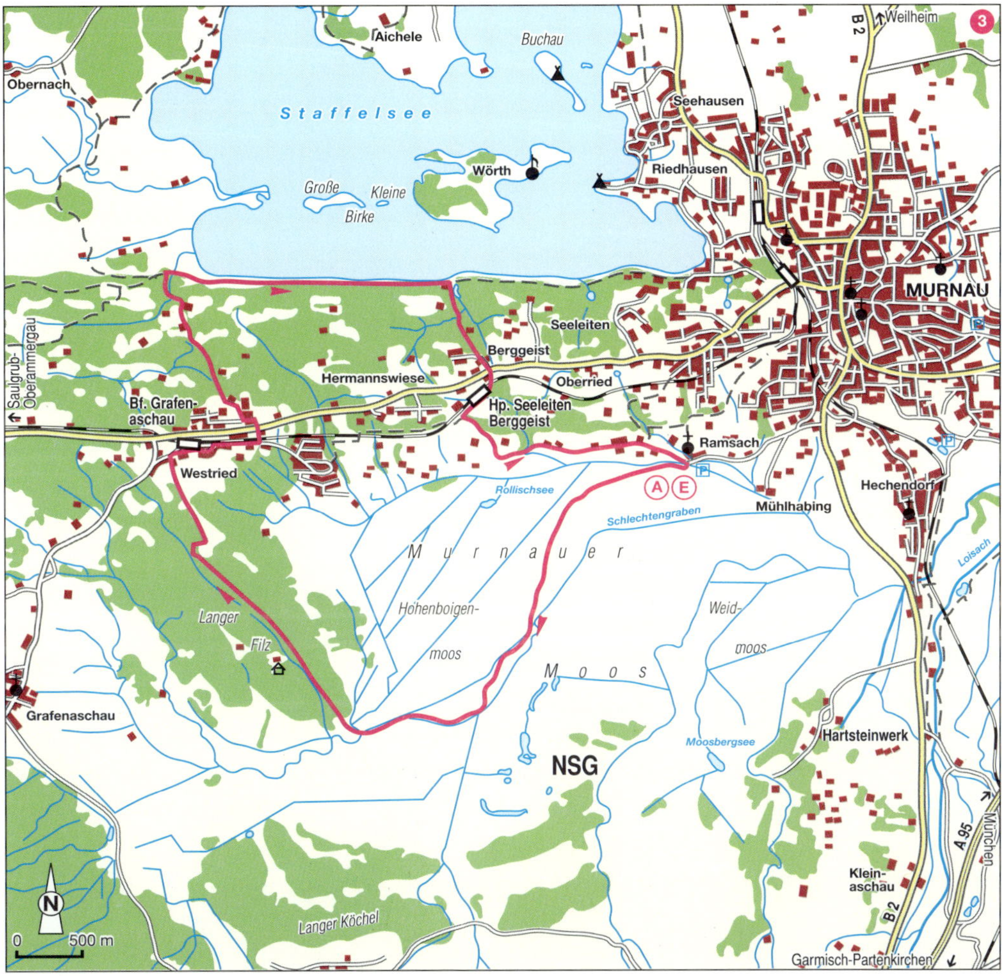

4 DURCH DIE BUCKELWIESEN BEI KLAIS UND RUND UM DEN BARMSEE

Wer von Partenkirchen nach Mittenwald fährt, dem fällt die ungewohnt hügelige, »bucklige« Landschaftsstruktur neben Bahn und Straße auf: die Buckelwiesen. Durch sie führt die Wanderung zum stillen Barmsee, der sich den Blicken der Vorbeifahrenden entzieht und nur von oben, vom Ester- oder Karwendelgebirge aus, zu sehen ist.

INFO ZUR TOUR

Ausgangs- und Zielort:
Klais. Ausgangspunkt ist der Parkplatz bei den Tennisplätzen beziehungsweise der Bahnhof.

Tourencharakter:
Leichte Wanderung auf gesandeten Wanderwegen.

Anfahrt:
Zwischen Garmisch-Partenkirchen und Mittenwald biegt man von der B 2 beim Hinweisschild Klais ab. Mit der Bahn von Mittenwald beziehungsweise Garmisch-Partenkirchen bis zum Haltepunkt Klais.

Gesamtlänge: 10 Kilometer.

Gehzeit: 3 Stunden.

Höhendifferenz: Etwa 150 Meter.

Markierung: A 1; Wegweiser.

Der Barmsee gegen den Krottenkopf

RUND UM EIN LANDSCHAFTLICHES KLEINOD

Wer einmal in der Gegend von Klais, von Krün gewandert ist, dem sind die vielen Buckel auf den Wiesen und im lichten Wald sicher nicht entgangen. Die Entstehung der **Buckelfluren** reicht in die Nacheiszeit zurück. Frost, abwechselnd mit hohen Temperaturen, ließ den Schotter sich heben und senken. Auf diese Weise bildeten sich kleinere Erhöhungen. Auf den Buckeln sie-

Rast am Fuße des Estergebirges

delten sich Bäume an, in den Gruben sammelte sich Wasser. Dieses Wasser löst den Kalk, aus dem der Schotter weitgehend besteht, und vertieft somit die Gruben. Die Bäume wiederum verhindern durch ihre Krone, daß rund um den Stamm Wasser den Boden erodieren kann, was die Buckel erhöht. Die Buckelfluren waren zunächst Standort von Kiefernwäldern und Schneeheide. Menschliche Nutzung führte dazu, daß die Fluren gerodet und von

△ **Der Grubsee, direkter Nachbar des Barmsees**

Rindern beweidet oder gar gemäht wurden; so entstanden die Buckelwiesen. Hinzu kommt, daß die Bauern bemüht waren, die Steine aus den Wiesen zu entfernen, um die Mäharbeit zu erleichtern und Nutzfläche zu gewinnen.

Die Buckelfluren weisen eine einzigartige Flora auf. Nirgends sonst lassen sich so viele Pflanzenarten – es sind gut 300 – auf so geringer Fläche nachweisen. Doch die Buckelfluren sind seit langem aufs höchste gefährdet, denn sie setzen der intensiven landwirtschaftlichen Nutzung Hindernisse entgegen. Was also lag den Bauern näher, als die Buckel zu schleifen? In den dreißiger Jahren halfen Zwangsverpflichtete des Reichsarbeitsdienstes beim Planieren. Nach dem Zweiten Weltkrieg ging man dann mit Technik und vor allem mit Düngung an die Beseitigung der Buckelwiesen heran. Mittlerweile droht die größte Gefahr vom Zuwachsen mit stickstoffliebenden Pflanzen und mit Fichten. Dem kann nur abgeholfen werden, wenn die Buckelwiesen regelmäßig gemäht werden – mit zweckentsprechenden Werkzeugen wie

▽ Buckelwiesen bei Klais

Barmsee gegen das Karwendelgebirge

Sensen und kleinen Motormähern. Der Staat unterstützt die Bauern in der Erhaltung dieser einmaligen Kulturlandschaft.

Auf jeden Fall: Der Wanderer wird es genießen, diese herrliche Gegend vor einer an Großartigkeit nicht zu übertreffenden Bergkulisse zu durchstreifen, anzuschauen, aufzunehmen.

Vom Bahnhof geht man zuerst ein kleines Stück in Richtung Elmau: Gleich hinter den letzten Häusern von Klais folgt man linker Hand einer Brücke über den Kranzbach und wendet sich dahinter nach rechts (Wegweiser Römerweg/Buckelwiesenrundgang). Der **Römerweg**, in der Zeit um 200 n.Chr. zwischen Brenner und Via Raetia, der kürzesten Verbindung von Trient nach Augsburg, erbaut, verläuft hier durch ein kleines Waldstück. Besonders schön sieht man auf dieser Strecke, wie der Weg aus dem Kalkfels herausgehauen ist. Er ist mit 110 Zentimetern schmal, aber doch breiter, als es Wege in der Antike waren. Am Ende dieses Waldstücks hält man sich links; eine gesandete Wirtschaftsstraße führt Richtung Osten. Man sieht hier sehr schön die Buckelwiesen, insbesondere auf dem Abschnitt kurz vor der Bahnlinie. Dort kann man auf einem Fleck Buckelwiesen und Waldflur betrachten, besonders aber auch den Unterschied von Magerrasen und fetter Wiese; im Hintergrund sind die Waxensteine und die Alpspitze zu erkennen. Man kommt dann an die Straße Klais–Mittenwald und die Bahnlinie, die man überquert. An der Verzweigung dahinter geht man geradeaus (Wegweiser Krün/Buckelwiesenrundgang). Unmittelbar darauf trifft man auf eine weitere Gabelung, an der man dem Wegweiser Tennsee folgt.

Über Weiden und dann durch einen kleineren Waldabschnitt gelangt man zu einem Wiesengrund, wo man sich an einer

☞ AUF EINEN BLICK

Empfohlene Jahreszeit:
Von besonderem Reiz ist der Herbst. Gerade die vielen Lärchen im Bereich der Buckelwälder, aber auch die Streuwiesen um den Barmsee selbst färben sich im Herbst wunderschön golden. Natürlich kann diese Wanderung vom späten Frühjahr an unternommen werden.

Öffentliche Verkehrsmittel:
Ausgangs- und Zielort liegen an der Bahnstrecke Garmisch-Partenkirchen–Mittenwald.

Empfohlene Gebietskarte:
Bayerisches Landesvermessungsamt 1:50 000, Blatt Karwendelgebirge/Werdenfelser Land; Wandern im Oberen Isartal 1:30 000, herausgegeben von den Verkehrsämtern Krün, Mittenwald und Wallgau.

Einkehrmöglichkeiten am Weg:
Restaurant Tennsee; Alpengasthof Barmsee.

Unterkunft:
Unterkunftsmöglichkeiten in Klais, im Tonihof zwischen Klais und Mittenwald (auch für die Einkehr eine Empfehlung! Man wird in Bayern nicht leicht einen Ort dieser Lage finden – einfach sensationell), in Krün, in Barmsee.

Camping:
Großer Campingplatz am Tennsee nahe der B 2, sehr gut ausgestattet. Campingplatz Isarhorn zwischen Krün und Mittenwald nahe der B 2.

Bademöglichkeit:
Am nördlichsten Eck des Barmsees; Badeanstalt Grubsee (kurz vor Ende der Tour!).

Sehens- und Wissenswertes:
Bei der Anfahrt kann ein Abstecher zum Walchenseekraftwerk am Kochelsee empfohlen werden. Hieran besticht nicht nur die technische Leistung, sondern auch die Architektur des von Oskar von Miller konzipierten Werks. Und wenn man schon in Kochel ist, was läge näher als ein Besuch im Franz-Marc-Museum.

Alternativen für schlechtes Wetter:
Hallenbad »Trimini« in Kochel mit Sauna und Freizeitpark. Wer auf eine Wanderung auch bei schlechtem Wetter nicht verzichten will: Die Partnachklamm in Partenkirchen. Da spielt das Wetter keine große Rolle, denn naß und finster ist es dort immer.

Auskunft:
Kurverwaltung Mittenwald, Dammkarstraße 3, 82481 Mittenwald; Tel.: (0 88 23) 3 39 81.

Gabelung rechts hält. Bald ist das Gelände des großen Zeltplatzes am **Tennsee** erreicht; hier bietet das Restaurant Tennsee eine Möglichkeit zur Einkehr. Am Zeltplatz führt der Weg vorbei zur Bundesstraße. Man überquert sie (Achtung! Viel Verkehr, also aufpassen!) und erreicht die **Ortschaft Barmsee**. Hier nun geht man nach rechts, ein kleines Stück entlang der Straße Krün-Barmsee. Hinter einer Brücke über den Kranzbach biegt man nach links ab (Wegweiser nach Krün). Man folgt diesem Weg durch ein sehr schönes Moorgebiet, immer am Kranzbach entlang. Schließlich kommt man an eine Brücke, die man benützt, und wendet sich unmittelbar dahinter nach links (Wegweiser Barmsee-Rundweg).

Man bleibt nun auf der Straße, die schon bald zu einem Wanderweg wird. Erst geht es geraume Zeit durch Jungwald, nur gelegentlich kann man den See durch die Bäume erspähen. Dann, auf Höhe des nördlichsten Punktes des Barmsees, stößt man auf eine Forststraße, der man nach links folgt. Das Badegelände am See ist über kleine Fußwege zu erreichen. Am Ende der Straße erreicht man das Ufer des **Barmsees**, an dem man nun entlangwandert. Bald beginnt wieder Sumpfgelände, das der Weg umgeht; er führt nun hinauf auf die Anhöhe zwischen Barm- und Grubsee. Nach einem Stück bergab teilt sich der Weg: Nach links gelangt der Wanderer zur Badeanstalt Grubsee (etwa 5 Minuten) und zum **Alpengasthof Barmsee** (gut 10 Minuten); vom Gasthof aus hat man eine herrliche Aussicht auf das Wettersteingebirge und von der Anhöhe hinter dem Gebäude auf den Barmsee und das Estergebirge. Nach rechts geht es Richtung Klais (Wegweiser Fußweg nach Klais). Wenn man den Gasthof Barmsee besuchen will, kehrt man anschließend zur hier angegebenen Kreuzung zurück.

Nach Überwindung einer kleinen Anhöhe (Wegweiser Fußweg nach Klais) kommt man ans westliche Ende des **Grubsees**. Man bleibt auf dem Weg, wandert über eine Almwiese mit vielen Buckeln und einigen Stadeln und erreicht schließlich, bergab gehend, wieder die Bundesstraße und die Bahnlinie, genau auf Höhe des Bahnhofs. Eine Tour, bei der Schwierigkeiten und Ertrag in umgekehrtem Verhältnis stehen, nimmt hier ihr Ende.

DER BESONDERE TIP

Nicht nur im Sommer und im Herbst bietet die Landschaft um Klais die schönsten Ziele für Wanderer; auch im Winter und bis ins Frühjahr hinein kann man hier die Natur erleben – auf Langlaufskiern! Klais verfügt über ein ausgedehntes Netz an Skiwanderrouten für alle Ansprüche. Dank seiner geschützten Lage zwischen Ester- und Wettersteingebirge kann man hier dem weißen Sport frönen, wenn anderswo längst der Föhn die letzten Reste Schnee »weggeschleckt« hat.
Die Skiwanderwege sind sehr gut ausgeschildert; Verbindungen bestehen nach Mittenwald, Krün und Partenkirchen.
So reicht das Langlaufnetz von der Leutasch bis zum Sylvensteinsee, von Grainau bis Eschenlohe.

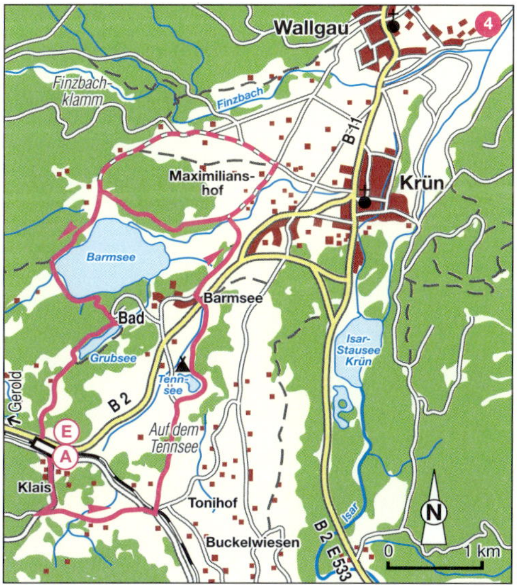

5 DIE ATEMBERAUBENDE HÖLLENTALKLAMM

Die Höllentalklamm übertrifft in ihrer Wildheit und ihrer Lage die Partnachklamm noch um einiges. Ist letztere eingebettet in ein bewaldetes Tal, so ist die Höllentalklamm eingezwängt in Felsmauern, die viele hundert Meter senkrecht hinaufziehen bis zu den Gipfeln der Waxensteine. Auch kann man nicht mit der Kutsche hinfahren, sondern muß recht beschwerlich marschieren.

INFO ZUR TOUR

Ausgangsort: Eibsee.

Zielort:
Grainau, Ortsteil Hammersbach.

Tourencharakter:
Wanderung auf teils gut ausgebauten Wegen, teils einem ausgesetzten Steig, der sich aber beim Rückweg durch die Klamm vermeiden läßt. Sehr feucht und kalt in der Klamm. Recht langer Weg ohne größere Anstiege.

Anfahrt:
Von Garmisch-Partenkirchen auf der B 23 Richtung Reutte bis zur Abfahrt nach Grainau. Weiter am besten per Bus oder Zahnradbahn zum Eibsee.

Gesamtlänge: 14 Kilometer.

Gehzeit: 5 bis 5½ Stunden.

Höhendifferenz:
Inklusive der Gegenanstiege 600 Meter.

Markierung: E, EH, H 1, H 3.

Die Zugspitze vom Höllentalanger

NICHT EINSAM, ABER EINSAME SPITZE

Wer einmal durch diese einzigartige Schlucht gegangen ist, wer die Wasserfälle, die von senkrechten Wänden hinunterstürzen in die Enge der Felsen, gesehen und das Tosen des Wassers gehört hat, der kann sich der Faszination der Klamm nicht mehr entziehen.

Die Erschließung der Klamm, die der Alpenverein Garmisch 1900 begann, bedeutete Jahre härtester Arbeit; die Frage der Finanzierung und Genehmigung mußte ebenfalls gelöst werden. Eine Beschreibung dieses Projekts findet sich in der am Klammeingang erhältlichen Broschüre »Höllentalklamm – Bau und Geschichte«.

Der hier beschriebene Weg nimmt beim **Eibsee** seinen Anfang. Der Grund hierfür ist die Schönheit des Höhenweges hinüber zur Klamm; vom Weg aus hat man eine herrliche Aussicht hinunter auf das Tal, auf Grainau und Garmisch, wie auch hinüber zum Kramerspitz und hinauf zu den Waxensteinen. Der Weg ist freilich etwas länger als der von Hammersbach; aber er wird den kleinen Mehraufwand lohnen!

Vom Parkplatz am Eibsee geht man hinauf zur Station Eibsee der Zugspitzbahn und dort die Gleise entlang, bis man sie überqueren kann. Hier beginnt eine Forststraße (Wegweiser Höhenweg/Höllentalklamm: Markierung EH), auf der man nun etwa eine halbe Stunde wandert. Dann folgt eine Abzweigung nach links, ebenfalls mit Wegweiser zur Höllentalklamm. Man läuft auf diesem Spazierweg ein gutes Stück abwärts, bis zu einer Gabelung, an der man sich rechts hält (Wegweiser

△ **Höllentalferner und Zugspitze**

Am Stangensteig über der Höllentalklamm ▷

Neuneralm neben dem Höhenweg vom Eibsee

▽ In der Höllentalklamm

Auf dem Weg zur Höllentalangerhütte

Höllentalklamm). Aus dem ursprünglich sehr breiten Weg wird bald ein Bergpfad, der immer am Hang entlang Richtung Osten führt. Es geht mal ein Stückchen bergauf, mal bergab. Man hat ausreichend Gelegenheit, das Tal und die gegenüberliegenden Berge zu betrachten. Schließlich kommt man an eine Forststraße, an der man sich kurz nach links zum Wegweiser wendet und dann sofort nach rechts. Man bleibt nur wenige hundert Meter auf dieser Straße, dann zweigt wieder ein Fußweg nach rechts ab (Wegweiser Höllentalklamm). Die ersten paar Meter geht es über Stufen hinauf, dann folgt wieder ein Flachstück, und schließlich sieht man schon die **Eingangshütte**. Man wandert an der Abzweigung zum Stangensteig vorbei ein paar Schritte bergab und hinauf zum Klammeingang.

Eine Beschreibung der Strecke durch die Klamm erübrigt sich, man kann ohnehin nicht vom Weg abkommen; lediglich soviel sei hier angemerkt: Sie brauchen festes Schuhwerk, denn der Boden ist stellenwei-

DER BESONDERE TIP

Ein besonders schöner Weg führt von der Höllentalangerhütte über die Knappenhäuser hinauf zum Hupfleitenjoch unterhalb des Höllentorkopfs (Markierung: H 5). Von dort kann man entweder hinaufsteigen zum Osterfelderkopf (Seilbahn nach Garmisch), oder man geht hinunter zum Kreuzeck (Seilbahn nach Garmisch), von wo man auf dem Jägersteig genannten Weg nach Hammersbach zur Brücke über den Bach kommt. Der Aufstieg ist stellenweise etwas ausgesetzt, aber an gefährlichen Stellen gut mit Drahtseilen gesichert; der Abstieg erfolgt auf einem bequem angelegten Bergweg. Der ganze Weg ist gut beschildert.

Beim Aufstieg kommt man an den Knappenhäusern vorbei; hier waren in der Zeit, als im Gebiet um das Höllental Erzabbau betrieben wurde, die Knappen untergebracht. Heute kann man sich hier stärken; auch Übernachtungsmöglichkeiten sind geboten.

AUF EINEN BLICK

Empfohlene Jahreszeit:
Frühsommer und Herbst.

Öffentliche Verkehrsmittel:
Nach Garmisch-Partenkirchen mit der Bahn stündlich von München; von dort per Zugspitzbahn zum Eibsee oder von der Ortsmitte mit dem Eibseebus.

Empfohlene Gebietskarte:
Bayerisches Landesvermessungsamt 1:50 000, Blatt Karwendelgebirge/Werdenfelser Land; Kurwegekarte 1:25 000 Garmisch-Partenkirchen/Grainau/Farchant.

Einkehrmöglichkeiten am Weg:
Höllentaleingangshütte, Höllentalangerhütte.

Unterkunft:
Höllentalangerhütte, geöffnet von Anfang Juni bis Mitte Oktober, Tel.: (0 88 21) 88 11. Bei Verlängerung der Tour zum Hupfleitenjoch: Knappenhäuser; Kreuzeck-Haus, Tel.: (08821) 22 02.

Camping:
Campingplatz rechts der Strecke Garmisch–Reutte an der B 23. Campingplatz am Tennsee und am Isarhorn zwischen Garmisch-Partenkirchen und Mittenwald.

Bademöglichkeiten:
Zugspitzbad in Grainau; Hallenbad in Partenkirchen.

Sehens- und Wissenswertes:
Seit dem 15. Jahrhundert wird im Höllental Bergbau betrieben. Anfangs war Eisenerz, später dann Zinkspat und Bleierz das gesuchte Gut, und zu Beginn unseres Jahrhunderts entdeckte man die Verwendbarkeit von Molybdän, das hier gefunden wurde, für die Kriegsindustrie. Da man für die Verhüttung Strom brauchte, wurde am Südende der Höllentalklamm ein Elektrizitätswerk gebaut. 1918 waren die Lagerstätten erschöpft; der Bergbau und die Verhüttung kamen zum Erliegen. Die Knappenhäuser, aber auch der Stangenweg und die Brücke über die Klamm sind Zeugen dieser Zeit, wie auch die Reste der Anlagen in Hammersbach und in der Höllentalklamm (z.B. Bachfassung für die Wasserableitung am Südende).

Alternativen für schlechtes Wetter:
Wenn das Wetter nicht zu garstig ist, kann man um den Eibsee wandern; gerade bei Nebel oder Schneefall ein schönes Erlebnis!

Auskunft:
Verkehrsamt Grainau, Waxensteinstraße 5, 82491 Grainau; Tel.: (0 88 21) 8 14 11.

se sehr naß; ebenso einen Regenschutz, da es oft sehr stark von der Decke tropft; eine Taschenlampe ist nicht nötig, denn die Stollen sind beleuchtet.

Am Ende der Klamm quert man auf einer Brücke zweimal den Hammersbach. Dann steigt der Weg an und führt hinauf zur **Höllentalangerhütte**. Dieses Wegstück sollte man auf jeden Fall gehen, denn von dort oben öffnet sich ein sehr schöner Blick auf das Höllental und die Zugspitze, auf die Waxensteine und den Höllentorkopf. Auch ist der Kontrast von Wiese (»Anger«) und Felswänden hier oben besonders wohltuend, und eine Stärkung für die Rückkehr hat man auch verdient.

Für den Rückweg nun kann man wählen zwischen dem Weg durch die Klamm oder dem **»Stangensteig«**. Dieser diente in früheren Zeiten als Weg ins Höllental, in erster Linie aber dem Transport des Erzes, das oben im Tal und hinauf zum Hupfleitenjoch geschürft wurde. Dieser Steig ist zwar ohne jede Schwierigkeit zu bewältigen. Da er aber zum Teil sehr schmal ist und hoch über der Klamm dahinführt, kann er nur trittsicheren Wanderern empfohlen werden. Zudem sind die Drahtseile stellenweise in schlechtem Zustand, manchmal völlig abgebaut. Man braucht sie zwar nicht, aber sie gäben dem einen oder anderen schon ein beruhigendes Gefühl!

Der Stangensteig ist die Krönung eines Besuchs der Klamm. Es würde ja schon genügen, so hoch über den senkrechten Abbrüchen entlangzugehen – aber die Eisenbrücke über die Klamm ist schlichtweg eine Sensation: 73 Meter hoch und 40 Meter lang schwebt sie über dem tosenden Wasser! Es kribbelt nicht wenig im Bauch, wenn man auf dieser Brücke steht und hinunterschaut!

Der Weg zweigt kurz oberhalb des oberen Klammeingangs nach rechts ab. Man geht hinunter, überquert den Hammersbach und steigt jenseits, einige Stahlstifte und dann Holztreppen benützend, an; der Weg verläuft dann bald wieder abwärts und zur Eisernen Brücke. Jenseits wandert man dann erneut bergan und vor zum Steilabbruch beim nördlichen Ende der Klamm.

Nun kann man entweder zum Eibsee zurückmarschieren, oder man geht hinunter nach **Hammersbach**: Von der Klammhütte läuft man ein Stück abwärts und folgt an der Gabelung dem Wegweiser Richtung Hammersbach nach rechts. Man kommt an die Talstationen der Materialbahnen zur Klamm- und zur Höllentalangerhütte, bleibt ein ebenes Stück auf einer Forststraße und verläßt diese beim Wegweiser nach Hammersbach. Nun verläuft die Strecke ein Stück steil hinunter und am Bach entlang bis zur Ortschaft. Von Hammersbach aus kann man die Zugspitzbahn sowohl Richtung Eibsee, als auch nach Partenkirchen benutzen; wer mit dem Eibseebus fahren will, geht vor zum Wanderparkplatz und weiter zur Straße Garmisch–Hammersbach, zu einem Haltepunkt der Eibseelinie.

6 VON MITTENWALD ZUR PARTNACH-KLAMM

Zum Lauter- und Ferchensee, zum kleinen, abgeschiedenen Dorf Elmau, nach Hinter-, Mitter- und Vordergraseck und schließlich nach Partenkirchen führt diese Tour entlang der gewaltigen Nordabbrüche des Wetterstein-gebirges. Ein weites Stück Weges gilt es zu bewältigen; aber die Schönheiten, die Wasserfälle, Seen, die Klamm entschädigen für alle Mühen.

INFO ZUR TOUR

- **Ausgangsort:** Mittenwald.
- **Zielort:** Garmisch-Partenkirchen, Olympiastadion.
- **Tourencharakter:** Sehr lange Wanderung auf breiten Wanderwegen bzw. Forststraßen. Wenig Anstiege. Achtung: Der Weg durch die Partnachklamm ist gebührenpflichtig!
- **Anfahrt:** Am besten fährt man vom Bahnhof Garmisch-Partenkirchen per Bahn nach Mittenwald und geht durch den Ort bis zum Ausgangspunkt Laintalstraße. Rückweg: Vom Olympiastadion verkehrt ein Bus zum Bahnhof.
- **Gesamtlänge:** 17 Kilometer.
- **Gehzeit:** 4½ bis 5 Stunden.
- **Höhendifferenz:** 200 Meter.
- **Markierung:** Wegweiser; Wegmarkierungen EF, PE 1, P 6, P.

Ferchensee mit Karwendelgebirge

Elmau gegen das Wettersteingebirge

ZWISCHEN DEN BERGEN, AM UFER DER SEEN UND BÄCHE

Eine Wanderung von Mittenwald bis nach Partenkirchen ist ein respektables Unternehmen. Es sind immerhin 17 Kilometer zu Fuß. Doch es ist ein sehr lohnendes Unterfangen: Es beginnt mit dem sehr schönen Aufstieg an den Laintalfällen entlang zum Lautersee, immer mit herrlichem Blick auf das Karwendelgebirge. Dieser See liegt ganz malerisch auf der Südseite des Hohen Kranzbergs. Dann folgt der Ferchensee, ebenfalls ein landschaftliches Kleinod. Über Elmau geht es hinauf nach Hintergraseck; auf dieser Strecke bietet sich ein wunderbarer Blick auf die Alpspitze, aber auch auf den Hochblassen und die Wettersteinwand. Die Krönung aber ist der Gang durch die Partnachklamm. Schon am Eingang sieht man hohe Felsen, ausgewaschen von der Partnach. Und in der Klamm selbst, die vollkommen ungefährlich zu begehen ist, tost das Wasser so stark, daß man sich schon vorstellen kann, wie in Jahrtausenden tiefe Schluchten gegraben wurden (siehe auch Tour 9). Hier ist auch ein Felssturz aus dem Jahr 1991 zu sehen; er staut die Partnach auf, bildet einen kleinen See. Die Garmisch-Partenkirchener, für die die Partnachklamm touristisch wahrlich bedeutend ist, haben nun einen über 100 Meter langen Stollen gegraben und umgehen so die Staustelle. Durch Fenster kann man sich anschauen, welche Massen Gestein damals die Klamm vollständig versperrt haben.

Doch nun zur Beschreibung des Weges: In **Mittenwald** geht man vom Bahnhof bis ans westliche Ortsende. Es gibt mehrere Möglichkeiten; am besten wählt man erst die Viererspitzstraße, biegt dann für ein kurzes Stück nach links in die Karwendelstraße, passiert den Dekan-Karl-Platz (hier Parkplatz, allerdings Höchstparkdauer drei Stunden) und nimmt die Adolf-Baader-Straße, der man folgt, bis sie übergeht in die Wettersteinstraße. An deren Ende läuft man die Treppe hoch und wendet sich gleich nach rechts; das ist der Elmauer Weg, der dann zur **Laintalstraße** wird.

Mittenwald vor Viererspitz

Kutschfahrt von der Klamm zum Olympiastadion

In der Partnachklamm

Unterwegs hat man schon mehrere Wegweiser gesehen zum Lauter- und Ferchensee. Man beachtet sie nicht, denn hier wird die Tour über die Laintalfälle beschrieben, die erstens ein Stück kürzer ist und zweitens wesentlich reizvoller als die anderen Wege.

Am Beginn unserer Route steht nur ein Schild Waldlehrpfad. Man geht dem Schild nach, und wenige Meter weiter erscheint ein Wegweiser Laintal/Lautersee/Ferchensee/Elmau. Gleich ist man am Wasserfall. Der Weg, nun mit Stufen und Geländer versehen, führt an der orographisch linken Seite des Lainbachs aufwärts. Oben, am Gipfelpunkt des Wasserfalles sozusagen, hält man sich an der Gabelung geradeaus (nach rechts geht's zum Kranzberg). Man folgt immer dem Laintal, bis man auf eine Wiese tritt, an die sich der **Lautersee** anschließt. Wo man hier geht, ist egal. Sehr schön ist der mittlere Weg. Am Lautersee läuft man nordseitig vorbei.

Am westlichen Ende des Sees, hinter dem Gasthaus, richtet man sich nach dem Wegweiser Ferchensee/Elmau/Partnachklamm. Hier verläuft die Strecke ein Stück steil bergauf, und bald ist man an einer Gabelung vor der Straße, die von Mittenwald heraufführt. Man wendet sich hier nach links (Wegweiser Schattiger Weg zum Ferchensee; auf dem Weg selbst Wegweiser Ferchensee). Der Weg ist wirklich schattig, ein rechter Segen an heißen Tagen! Er hat aber den zusätzlichen Vorteil, am **Ferchensee** südseitig vorbeizuführen; man erspart sich Trubel und Verkehr und genießt einen sehr schönen Blick über das Wasser und hinaus aufs Karwendelgebirge. Am See angekommen, folgt man dem Wegweiser Seeuferweg nach links. Der Rundweg mündet am Gasthaus Ferchensee auf die Forststraße, die man nun weiter benützt.

Der Ferchensee entwässert, anders als der Lautersee, über den Ferchenbach in die Partnach und weiter zur Loisach (der Lainbach fließt vom Lautersee in die Isar). Das bedeutet für den Wanderer, daß ab hier überwiegend bergab gegangen wird. Man bleibt auf der Forststraße, die bis Elmau parallel zum Ferchenbach verläuft. An Gabelungen folgt man immer den Wegweisern Elmau/Partnachklamm.

In **Elmau** angekommen, umrundet man das Gasthaus bis zu einer Brücke über den Ferchenbach (Wegweiser Eckbauer/Partnachklamm). Man überquert den Bach, wendet sich hinter der Brücke nach rechts, steigt ein Stück steil hinauf zu einer Forststraße und folgt dieser nach rechts, wo man schon bald den großen Parkplatz sieht. Man kann am Zaun entlang, der den Platz begrenzt, hinaufgehen und trifft oben wieder auf die Forststraße. Oder man bleibt gleich auf der Straße, biegt nach einem kurzen Abwärtsstück scharf nach links

☞ AUF EINEN BLICK

Empfohlene Jahreszeit:
Im Herbst ist es an den Seen am schönsten. Dann kontrastieren am frühen Morgen Rauhreif und goldene Lärchennadeln, verschneite Karwendelgipfel und blaues Wasser ...

Öffentliche Verkehrsmittel:
Von München oder Garmisch-Partenkirchen sehr gute Zugverbindung nach Mittenwald (stündlich).

Empfohlene Gebietskarte:
Bayerisches Landesvermessungsamt 1:50 000, Blatt Karwendelgebirge/Werdenfelser Land.

Einkehrmöglichkeiten am Weg:
Gasthäuser am Lauter- und Ferchensee, in Elmau, Hintergraseck, Vordergraseck, Wildenau.

Unterkunft:
Hotel Lautersee, Müllerhaus Elmau, Schloß Elmau, Forsthaus Graseck. Zahlreiche Hotels und Pensionen in Mittenwald und Garmisch-Partenkirchen.

Camping:
Campingplatz Isarhorn nahe der B 2 zwischen Krün und Mittenwald. Campingplatz Tennsee nahe der B 2 und Campingplatz Zugspitze an der B 23 in Garmisch-Partenkirchen.

Bademöglichkeit:
Freibäder an Lauter- und Ferchensee; Hallenbäder in Mittenwald und Garmisch-Partenkirchen.

Sehens- und Wissenswertes:
Mittenwald hat seit dem Ende des 17. Jahrhunderts eine florierende Heimindustrie: den Geigenbau. Mittenwalder haben nicht nur Geigen hergestellt, sondern diese auch in der ganzen Welt vertrieben. An Matthias Klotz, der hier 1683 die erste Geigenbauwerkstatt eröffnete, erinnert ein Denkmal. Das Geigenbaumuseum (Ballenhausgasse 3; geöffnet Montag–Freitag 10–11.45 Uhr und 14–16.45 Uhr, samstags und sonntags 10–11.45 Uhr) mit Schauwerkstatt (samstags und sonntags geschlossen) dokumentiert diese traditionsreiche Handwerkskunst.

Alternativen für schlechtes Wetter:
Eine kleine Wanderung von Mittenwald zum Gletscherschliff ist auch bei schlechtem Wetter möglich. Man geht die Innsbrucker Straße Richtung Süden bis zur Leutascher Ache. Dann folgt man der Straße der Ache entlang und bleibt, an der Leutaschklamm vorbei, auf diesem Weg, der direkt zum Gletscherschliff führt.

Auskunft:
Kurverwaltung Mittenwald, Dammkarstraße 3, 82481 Mittenwald; Tel.: (0 88 23) 3 39 81.

ab und erreicht die Anhöhe über dem Parkplatz. Nun geht es ein Stück weiter auf der Forststraße bis zu einer Gabelung, an der man sich rechts nach Hintergraseck hält (Wegweiser Almwirtschaft Hintergraseck/ Eckbauer).

Ein Hinweis: An sehr heißen Tagen sollte man sich überlegen, ob man nach Graseck hinaufsteigt; der Weg verläuft überwiegend in der Sonne, während die Forststraße weiter im Tal des Ferchenbachs durch überwiegend schattiges Gelände führt. Dafür aber genießt man auf dem Weg über Hintergraseck eine wirklich beeindruckende Aussicht! Wer im Tal weiterwandern will, bleibt ganz einfach auf der Forststraße, die unmittelbar vor der Partnachklamm endet.

Ansonsten wandert man nun bergauf, kommt dann an eine Gabelung, wo man geradeaus weitergeht, marschiert ein kurzes Steilstück bergab und erreicht eine wunderschöne Almwiese, wo man schon den Ort **Hintergraseck** sieht. Wenige Meter hinter den Häusern zweigt eine Straße nach links ab. Hier geht man geradeaus weiter (Wegweiser Fußweg nach Partenkirchen). Die kleine Fahrstraße führt erst einmal bergauf, dann wieder bergab, und jetzt erkennt man bereits die Häuser von **Vordergraseck**. Hat man das Gebäude der Graseckbahn erreicht, geht man an diesem links vorbei und kommt zur Wettersteinalm, an der man ebenfalls links vorbeigeht. Die Straße endet an der Wettersteinalm, und von hier führt ein gestufter Weg hinunter zur Partnach.

An der **Partnach** steht dann ein Wegweiser Partnachklamm/Partenkirchen. Man folgt dem Weg durch die Klamm (am Ausgang werden Gebühren erhoben!) und verläßt sie in Wildenau. Bis hierher fahren Pferdedroschken; man kann sich also bis zum Skistadion kutschieren lassen! Vom Skistadion gelangt man dann zu Fuß oder per Bus zum Bahnhof Garmisch-Partenkirchen.

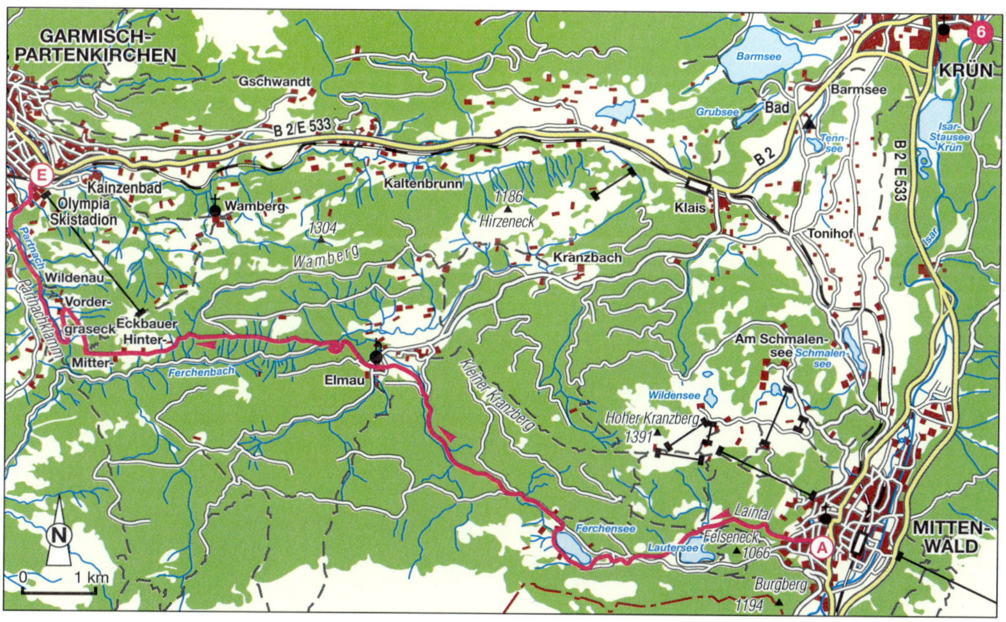

7 DURCH DAS PUITTAL ÜBER DAS SCHARNITZJOCH

Die Südseite des Wettersteingebirges gehört zwar nicht mehr zum Werdenfels, aber sonst spricht alles für eine Wanderung aus dem Tal der Leutascher Ache hinauf aufs Scharnitzjoch: Die Wildheit der Wetterstein-Südwände ist hier besonders beeindruckend, die Aussicht in die Zentralalpen ist großartig, und man ist mitten im Hochgebirge. Dabei stellt diese Tour überhaupt keine extremen Anforderungen ...

INFO ZUR TOUR

Ausgangsort: Lehner in der Leutasch.

Zielort: Klamm in der Leutasch.

Tourencharakter:
Bergwanderung. Ein kleiner Teil Wanderwege, meist gut gehbare Steige und kleinere Wege. Der Abstecher auf die Gehrenspitze: Kleiner Steig, teilweise etwas ausgesetzt. Bei Nässe nicht zu empfehlen!

Anfahrt:
Von Mittenwald in die Leutasch bis zum Dorf Lehner.

Gehzeit:
6 Stunden; wird der Abstecher auf die Gehrenspitze einbezogen, zusätzlich 2 Stunden.

Höhendifferenz:
1000 Meter; Abstecher auf die Gehrenspitze: 300 Meter.

Markierung:
Rote Punkte; teilweise AV-Wegnummer 817; Wegweiser.

Wangalm, dahinter die Gehrenspitze

Die Gehrenspitze vom Scharnitzjoch

AUF DER SÜDSEITE DES WETTERSTEINGEBIRGES

Die Tour durch das Puittal und über das Scharnitzjoch führt durch eine beeindruckend ursprüngliche Landschaft. Sie zeigt die Felswände, die wegen ihrer Höhe und ihrer Schwierigkeiten die Kletterer schon seit langem anziehen und beschäftigen. Insbesondere die Südwand der Schüsselkarspitze stand viele Jahre lang im Mittelpunkt des Interesses der Bergsteiger. Dieser Berg ist von allen Seiten schwer zu erklimmen. So ist es kein Wunder, daß die Schüsselkarspitze erst 1894 erstmals bewältigt wurde. Doch die Südwand widersetzte sich lange allen Versuchen. 1913 gelang dem Münchner Otto Herzog und dem Zillertaler Hans Fiechtl die Erstbegehung. Und bis heute werden immer wieder Routen allerhöchster Schwierigkeit im Fels der Südwand eröffnet.

Der Wanderer, der erst unter den Abstürzen des Öfelekopfs, dann der Dreitorspitze, schließlich der Schüsselkar- und der Scharnitzspitze entlanggeht, sieht sich von einer lieblichen Landschaft im Nahbereich umgeben: Erst sind es Kiefern- und Fichtenwald, dann Almböden mit großen Latschenfeldern, ganze Breiten voller Almrausch, Bäche und, weiter oben, felsige Kare. Er erlebt den Gegensatz senkrechter Wände und hügeliger Wiesen; schaut er sich um, dann liegt tief unten das Tal der Leutascher Ache. Und zu seiner Linken erhebt sich steil und abweisend die Geh-

Wettersteinwand aus dem Leutaschtal

Heuernte im Wettersteingebirge

Kühe bei Lehner

Kapelle in der Leutasch

renspitze. Beim Wandern abwärts umgeben ihn Almwiesen, Latschenfelder, Bergwald, Blockfelder, und immer wieder kommt er an Bergbäche. Denn das Wasser, das sich in den Karen und den Gesteinsmassen sammelt, will nach unten, drängt heraus aus dem Kalk.

Doch nun kann es losgehen! Als erstes sollte man ein Fahrrad an der Salzbachbrücke im oberen Leutaschtal deponieren; dann fährt man zurück nach Lehner. Am Ende des Dorfes beginnt ein kleiner Fahrweg, auf dem man bis zu einem eisernen Gatter marschiert. Der Wegweiser Scharnitzjoch/Wangalpe/Wettersteinhütte ist sehr schlecht lesbar, die Richtung ist aber klar: auf das Puittal zu. Man geht zuerst über die Wiese, kommt dann in den Wald und überquert erstmals den **Puitbach**.

Dann hält man sich links und geht auf einer kleinen Fahrstraße, bald aber endet diese; nun beginnt ein schmaler Weg (Wegweiser wieder Scharnitzjoch/Wangalpe/Wettersteinhütte; rote Markierungen an Bäumen und auf Felsen). Im Wald geht es recht zügig bergauf. Nach kurzem tritt man aus dem Wald heraus und kommt auf eine Almwiese. Ist man früh unterwegs, dann sieht man hier oben oft große Rudel Gemsen, die ruhig und scheinbar ohne Furcht und Vorsicht äsen. Also keinen Lärm machen und die Augen offen halten!

Ein Stück weiter zweigt der Weg zur Meilerhütte unter dem Gipfel der Partenkirchner Dreitorspitze ab. Man hält sich geradeaus, geht in leichtem Auf und Ab weiter über die Almwiesen, überquert unterhalb eines Steilaufschwungs noch einmal den Puitbach und steigt hinauf zum **Scharnitzjoch** (2048 Meter; Wegweiser Wang-Alm/Wettersteinhütte). Hier laden Sitzbänke zum Schauen ein.

Vom Scharnitzjoch aus bietet sich ein Abstecher an: auf die **Gehrenspitze**, 2367 Meter hoch. Nur überschreitet ihre Besteigung eigentlich den Rahmen dieser Tour; schließlich geht es noch einmal gut 300 Höhenmeter hinauf, und der Steig ist schon recht ausgesetzt. Aber für Leute, die sich trittsicher bewegen, stellt die Gehrenspitze kein Problem dar; das gilt allerdings nur für trockenes Wetter, denn bei Nässe ist der Steig sehr gefährlich! Vom Gipfel der Gehrenspitze genießt man eine herrliche Aussicht auf die gegenüberliegenden Berge des Wettersteingebirges, auf die Mieminger Kette und, weiter nach Süden, auf die Gipfel und Gletscher der Ötztaler, der Stubaier und Zillertaler Alpen bis zu den Hohen Tauern und natürlich auch hinunter ins Tal der Leutascher Ache. Der Weg sei hier kurz beschrieben: Vom Joch wendet man sich nach links, hinauf erst

☞ AUF EINEN BLICK

Empfohlene Jahreszeit:
Spätsommer und Herbst sind wegen des dann meist sicheren Wetters die besten Jahreszeiten. Bis in den Frühsommer steile Schneerinnen!

Öffentliche Verkehrsmittel:
Von Mittenwald Buslinie in die Leutasch. Bis Mittenwald Bahn von München via Garmisch-Partenkirchen. Von Seefeld stündlich Busverbindung in die Leutasch; nach Seefeld per Bahn von München bzw. Innsbruck.

Empfohlene Gebietskarte:
Bayerisches Landesvermessungsamt 1:50 000, Blatt Karwendelgebirge/Werdenfelser Land.

Einkehrmöglichkeiten am Weg:
Wang-Alm und Wettersteinhütte, beides Privathütten. Während des Aufstiegs keine Hütten oder bewirtschafteten Almen.

Unterkunft:
Matratzenlager auf der Wang-Alm und der Wettersteinhütte. Zahlreiche Gasthäuser und Hotels in der Leutasch.

Camping:
Camping Holiday im Ortsteil Reindlau.

Bademöglichkeit:
Hallenbad in Leutasch.

Sehens- und Wissenswertes:
Lange vor den Römern, schon in der Hallstattzeit, so wird vermutet, war der Übergang über den Seefelder Sattel bekannt. Die Römer okkupierten das von Kelten besiedelte Land und bauten in der Zeit von 195 bis 215 n.Chr. den alten Saumpfad über den Seefelder Sattel zu einer Straße aus, deren Überreste zum Beispiel bei Klais zu sehen sind. Scharnitz, aber vielleicht auch Mittenwald, sollen damals Stationen an dieser Straße gewesen sein (wie übrigens auch Partenkirchen). Die Orte entlang der Straße, über die jahrhundertelang der Gütertransport zwischen Italien und Augsburg lief, kamen dank des Verkehrs zu Wohlstand.

Alternativen für schlechtes Wetter:
Von Unterkirchen führt ein Wanderweg quer durch das Tal. Man kann diese schöne und ruhige Tour fast beliebig ausdehnen bzw. abbrechen. Und natürlich kann man das Hallenbad in Leutasch aufsuchen oder eine kleine Besichtigungsstour nach Innsbruck (Alpenzoo!) unternehmen.

Auskunft:
Verkehrsamt Leutasch, Kirchplatzl 128 a, A-6105 Leutasch; Tel.: (aus dem Ausland: 00 43 52 14) 63 03.

einmal zur **Erinnerungshütte** (eine Privathütte des Akademischen Alpenvereins München, errichtet 1920 zum Gedenken an die Gefallenen dieses exklusiven Alpenvereins) und dann weiter, immer dem Steiglein und den roten Markierungen folgend. Man quert sehr steile Grashänge und arbeitet sich durch die Südflanke der Gehrenspitze langsam höher, immer auf einem gut gangbaren Steig. Es folgen einige felsige und kiesige Stellen, die nicht besonders gut

DER BESONDERE TIP

Die Leutasch ist ein zu Recht äußerst beliebtes Skigebiet. Während Alpinskiläufer mehr im nahen Seefeld auf ihre Kosten kommen, frönen Langläufer ihrem Sport in der Leutasch. Durch die geschützte Lage – sogar der Föhn, der Feind allen Schnees, wird von der Hohen Munde und der Mieminger Kette gebremst, wenn nicht abgehalten – herrschen hier weit bessere Schneeverhältnisse als in den meisten anderen Skigebieten. Die Strecken sind sehr unterschiedlich in ihrer Schwierigkeit; die Loipen sind gut ausgeschildert und hervorragend gepflegt. Leider verlangen die Leutascher eine Loipengebühr.

Am Ende des Winters, Anfang März, findet der traditionsreiche »Ganghoferlauf« statt; Teilnehmer müssen natürlich keine Gebühr für die Loipen entrichten!

zu gehen sind. Bald schon sieht man das Gipfelkreuz, das auf dem äußersten östlichen Punkt errichtet ist. Der Weg vom Scharnitzjoch hier herauf dauert etwas mehr als eine Stunde, zusammen mit dem Abstieg sollte man zwei Stunden veranschlagen.

Wieder am Scharnitzjoch angekommen, marschiert man erst durch das steile Gelände hinunter zum Klammbach, um dann über flacher geneigte Wiesen hinüberzugehen zur **Wang-Alm**, einer bewirtschafteten Hütte (hier kann man auch übernachten, ebenso wie auf der Wettersteinhütte; beide sind recht urig; so gibt es zum Beispiel keinen elektrischen Strom). Von der Wang-Alm gibt es einen sehr steilen und direkten Abstieg nach Klamm. Dieser verläuft fast immer auf der Fahrstraße und ist auch sonst nicht zu empfehlen: staubig, trocken, steil. Also eine Sache nur dann, wenn man es, etwa wegen eines drohenden Gewitters, eilig hat. Man kann den Weg nicht verfehlen, folgt man nur immer der Fahrstraße.

Hier aber soll eine Route beschrieben werden, von der aus man etwas sieht, ein ruhiger Weg: Von der Wang-Alm bleibt man ein paar Meter auf der Fahrstraße und wandert dann das kurze Stück hinauf zur **Wettersteinhütte**. Hinter der Hütte weist ein Schild zur Hemermoosalm. Man folgt dem Weg, der erst durch Latschenbestände, später durch schönen Kiefernwald führt, hält sich an der ersten Abzweigung links, Richtung Hemermoosalm, und geht bis zur nächsten Abzweigung kurz vor dem Salzbach, wo man geradeaus weitermarschiert (nicht nach rechts zur Hemermoosalm; dieser Weg führt im unteren Teil recht lang über eine Forststraße), dem Wegweiser Salzbachbrücke nach. Der letzte Teil des Wegs abwärts verläuft auf einer kleinen Forststraße an einem Bach entlang. Bald ist der Parkplatz erreicht, und wohl dem, der dort ein Fahrrad deponiert hat!

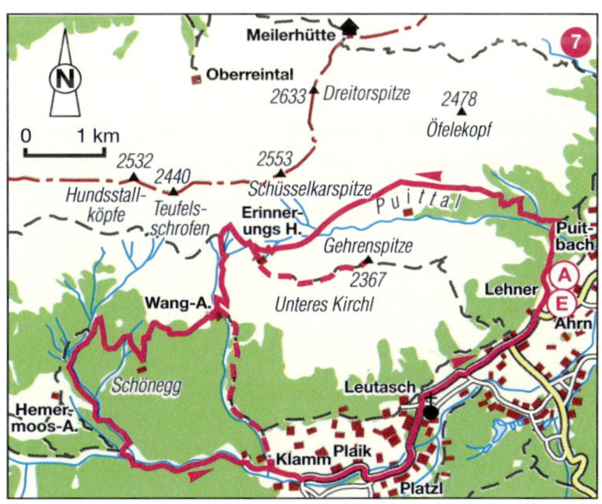

8 ÜBER DAS REINTAL AUF DEN SCHACHEN

König Ludwig II. wußte schon, warum er sich auf dem Schachen ein Jagdhaus bauen ließ: Von hier oben hat man einen wahrhaft königlichen Blick hinaus ins bayerische Land, hier oben war ein fürstlich abgeschiedener Ort, nur von Jägern gelegentlich besucht. Heute wandern viele Menschen hier herauf. Aber nur die wenigsten wählen den Weg, der hier beschrieben ist.

INFO ZUR TOUR

Ausgangs- und Zielort:
Garmisch-Partenkirchen, Olympiastadion.

Tourencharakter:
Teils einfache Wanderung auf Wegen und Forststraßen, teils Aufstieg auf steilen Steigen, stellenweise mit Drahtseilen gesichert. Sehr lange Tour!

Anfahrt:
Von München über die A 95 und die B 2 bis zur Abfahrt Olympiastadion in Partenkirchen. Von Augsburg über die B 23 bis Oberau und weiter wie von München. Mit dem Zug bis Garmisch-Partenkirchen.

Gesamtlänge:
Etwa 24 Kilometer (ohne Übernachtung auf der Reintalangerhütte).

Gehzeit: 8 Stunden.

Höhendifferenz:
1300 Meter (ohne Gegenanstiege im Reintal).

Markierung:
P, P 1, R, R 3, S, S 4; Wegweiser.

Blick vom Schachenweg zum Zugspitzplatt

Das Jagdhaus vor dem Estergebirge

IN DAS HERZ DES WETTERSTEINGEBIRGES

Der Weg, der hier vorgeschlagen wird, führt den Wanderer in ein sehr ursprüngliches Tal auf der »Rückseite« der Zugspitze. Das Reintal, in dem die Partnach fließt, gehört zum schönsten, was ein Wanderer in den Bergen sehen kann: steile Schluchten, helle, liebliche Hänge, blaue Gumpen, senkrechte Felsabbrüche, tosende Bäche; und über all dem die weißleuchtenden Felstürme des Wettersteingebirges.

Da der Weg sehr weit ist, wird empfohlen, diese Tour als Zweitagestour anzulegen: am ersten Tag bis zur Reintalangerhütte, am zweiten Tag wieder ein gutes Stück das Tal abwärts und über den Schachen zur Partnachklamm. Übernachtungsmöglichkeiten gibt es auf der Reintalangerhütte (und auf dem Schachenhaus). Wer nur einen Tag veranschlagen will, geht direkt hinauf ins Oberreintal und weiter zum Schachen.

Der Schachen selbst ist berühmt wegen des Jagdschlosses, das König Ludwig II. 1869/70 bauen ließ. Von außen ist es ein eher schlichter Holzbau. Doch im Inneren gibt es sogar einen luxuriös ausgestatteten »maurischen Saal«, daneben aber die eigentlich recht einfachen Räumlichkeiten für den normalen Aufenthalt. König Ludwig verbrachte hier jedes Jahr seinen Geburtstag (25. August) und besuchte auch sonst gerne dieses Jagdschloß, auf das der »Königsweg« führt, früher mit Pferden und Kutsche mühselig befahren, heute ein beliebter Mountainbike-Trail für die härteren dieser Burschen. Den Abschluß der Tour bildet der Gang durch die Partnachklamm.

Man beginnt den Weg am Skistadion. Die ersten zwei Kilometer muß man auf der Straße Richtung Partnachklamm gehen. Dort zweigt, unmittelbar vor dem Kassenhäuschen, ein Weg nach links ab (Wegweiser Partnachalm). Gleich folgt eine Brücke über die Klamm, und dann führt der

Wettersteingebirge vom Weg ins Reintal

Typischer Blick vom Weg ins Oberreintal

Weg aufwärts bis zur eisernen Klammbrücke. Dort hält man sich an der Gabelung rechts (Wegweiser Partnachalm/Hoher Weg, Markierung P 1) und steigt die vielen Stufen hinauf. Unmittelbar an der **Partnachalm** mündet der Weg in die Forststraße Richtung Reintal. Am Gasthaus Partnachalm wendet man sich nach links. Die Straße steigt zuerst etwas an, führt dann ein Stück abwärts. An der Gabelung folgt man dem Wegweiser Kreuzeck/Bockhütte nach rechts. Nach einem steilen Anstieg und einem kurzen Stück bergab kommt man auf eine Forststraße. Hier geht man nach rechts (kein Wegweiser in Richtung des Aufstiegs!) und trifft sehr bald auf die Laubhütte, wo ein Schild nach links weist (Reintal, Markierung R). So erreicht man die Forststraße, die vom oberen (südlichen) Ende der Klamm heraufführt (Wegweiser Bockhütte/Zugspitze). Bald kommt man an einen Platz, wo der Wirt der Reintalangerhütte Leergut lagert. Hier folgt man dem Wegweiser zur Bockhütte und zur Zugspitze nach links.

Nun marschiert man auf einem sehr schönen Wegstück oberhalb der **Mitterklamm** und der **Hinterklamm**, deren Schluchten man von hier aus wunderbar sehen kann. Die Klammen selbst sind aber nicht zugänglich. Schließlich wandert man immer an der Partnach entlang und kommt an eine Wegverzweigung, wo es nach links ins Oberreintal und zum Schachen/Meilerhütte geht. Halbrechts führt der Weg weiter zur Reintalanger- und Knorrhütte (Markierung R 2). Er überquert bald wieder die Partnach und hält sich nun immer auf deren orographisch linker Seite. Er verläuft vorbei an der Vorderen Blauen Gumpe, umgeht ein Beim Steingerümpel genanntes Stück, wo die Partnach unterirdisch fließt, und kommt zur Hinteren Blauen Gumpe. Von hier aus erreicht man in einer halben Stunde den Unteren Anger mit dem Tagesziel, der **Reintalangerhütte**.

Am nächsten Tag wandert man den Weg zurück bis zur Abzweigung ins Oberreintal. Hier geht es nun erstmals ordentlich zur Sache: Der Steig (sehr gut hergerichtet!) überwindet in einem Riß 500 Höhenmeter. Wo das Gelände etwas flacher wird, zweigt der Steig zum Schachen nach links ab (Wegweiser Schachen/Meilerhütte; Alpenvereins-Markierung 801).

Der Weg zum Schachen führt durch sehr steiles Gelände. Allerdings sind die Stufen sehr gut ausgebaut, und an ausgesetzten Stellen sind Drahtseile angebracht. Jeder Wanderer, der trittsicher ist, kann diesen Weg ohne Probleme bewältigen. Nach weiteren 400 Höhenmetern hat man dann den Aussichtspunkt auf dem **Schachen** erreicht. Von hier oben hat man einen wahrhaft herrlichen Ausblick auf die Felsmauern von Dreitor- und Schüsselkarspitze, auf die bei Kletterern so beliebten Felsen um die Oberreintalhütte, auf die Alpspitze und das Kreuzeckgebiet und hinaus ins Land. Kein Wunder, daß der Bayernkönig sich gerade diesen Punkt für sein Jagdschloß ausgesucht hat!

Man geht vom Aussichtspunkt vor zum Schachenhaus (Wegweiser Wettersteinalm/Partenkirchen/Elmau). Das erste Stück des Weges ist die Fahrstraße von Elmau zum Schachen, der **Königsweg**. Königlich ist heute daran nur mehr der Baumbestand: Zirbelkiefern jeder Altersstufe sind hier zu sehen, Bäume, die es in den Nördlichen Kalkalpen ansonsten kaum gibt. Schon bald zweigt ein Steig nach links ab (Wegweiser Kälbersteig/Partnachklamm/Partenkirchen; Alpenvereins-Markierung 842). Dieser Weg führt nun sehr steil hinunter. Im oberen Teil ist er recht ausgewaschen und verlangt Aufmerksamkeit. Weiter unten dann quert er mehrmals eine Forststraße (hier entweder völlig eindeutiger Wegverlauf oder rote Punkte an Bäumen oder Wegweiser) und kommt auf die **Kälberalm** (keine Hütte mehr; Holzlagerplatz), genauer: auf eine Forststraße. Rechts geht es nach Elmau. Man überquert diese Forst-

☞ AUF EINEN BLICK

Empfohlene Jahreszeit:
Sommer und Herbst. Im Frühsommer liegt noch zuviel Schnee.

Öffentliche Verkehrsmittel:
Von München verkehrt tagsüber die Bahn im Stundentakt (»Werdenfels-Takt«) bis Garmisch-Partenkirchen. Von dort Bus zum Olympiastadion. Die Anreise per Bahn ist sehr anzuraten, da sich, nicht nur an Wochenenden, vor Oberau und Farchant, oft aber schon vor Eschenlohe zähe Staus bilden; das gleiche gilt für die Rückfahrt.

Empfohlene Gebietskarte:
Bayerisches Landesvermessungsamt 1:50 000, Blatt Karwendelgebirge/Werdenfelser Land. Kurwegekarte Garmisch-Partenkirchen/Grainau/Farchant 1:15 000, erhältlich bei den jeweiligen Kurverwaltungen.

Einkehrmöglichkeiten am Weg:
Partnachalm, Reintalangerhütte, Schachenhaus, diverse Lokale am nördlichen Klammausgang.

Unterkunft:
Reintalangerhütte der Sektion München des DAV, Tel.: (0 88 21) 29 03. Oberreintalhütte der Sektion Garmisch-Partenkirchen des DAV (Selbstversorger); Schachenhaus (privat), Tel.: (0 88 21) 29 96.

Camping:
Großer Campingplatz am Tennsee, sehr gut ausgestattet. Campingplatz Isarhorn nahe der B 2 zwischen Krün und Mittenwald. Campingplatz Zugspitze an der B 23 am Ortsausgang von Garmisch Richtung Grenze.

Bademöglichkeiten:
Hallenbad Partenkirchen; Zugspitzbad Grainau.

Sehens- und Wissenswertes:
Auf dem Schachen ist, ein Stück unterhalb des Jagdschlosses, ein botanischer Alpengarten angelegt. Hier sind typische einheimische und fremde Gebirgspflanzen zu sehen.
Die Wirtsleute des Schachenhauses bieten von Juni bis September jeweils um 11 und 14 Uhr Führungen durch das Jagdschloß an.

Alternativen für schlechtes Wetter:
Talwanderung vom Olympiastadion bis Grainau; wer weit wandern will, bis zum Eibsee und Rückfahrt mit dem Bus oder mit der Zugspitz-Zahnradbahn.

Auskunft:
Kurverwaltung Garmisch-Partenkirchen, Postfach 1562, 82467 Garmisch-Partenkirchen; Tel.: (0 88 21) 1 80 19.

straße (kein Wegweiser in Abstiegsrichtung) und wandert Richtung Norden. Am Beginn des Waldes dann trifft man wieder auf den Steig und den Wegweiser nach Partenkirchen. Von hier an ist der Steig sehr gut hergerichtet. Stellenweise ist das auch nötig, denn das Gelände ist äußerst steil: Schuttreißen wechseln ab mit nahezu senkrechten Waldstücken, und schon von oben kann man sehen, wie schroff die Abstürze zu den Bächen hin sind.

Unten angekommen (Forststraßenkreuz) folgt man den Schildern zur **Partnachklamm** (siehe Touren 6 und 9). Die Klamm bildet den Abschluß einer Tour, die wie kaum eine andere in den bayerischen Bergen Wildheit und Größe der Natur demonstriert.

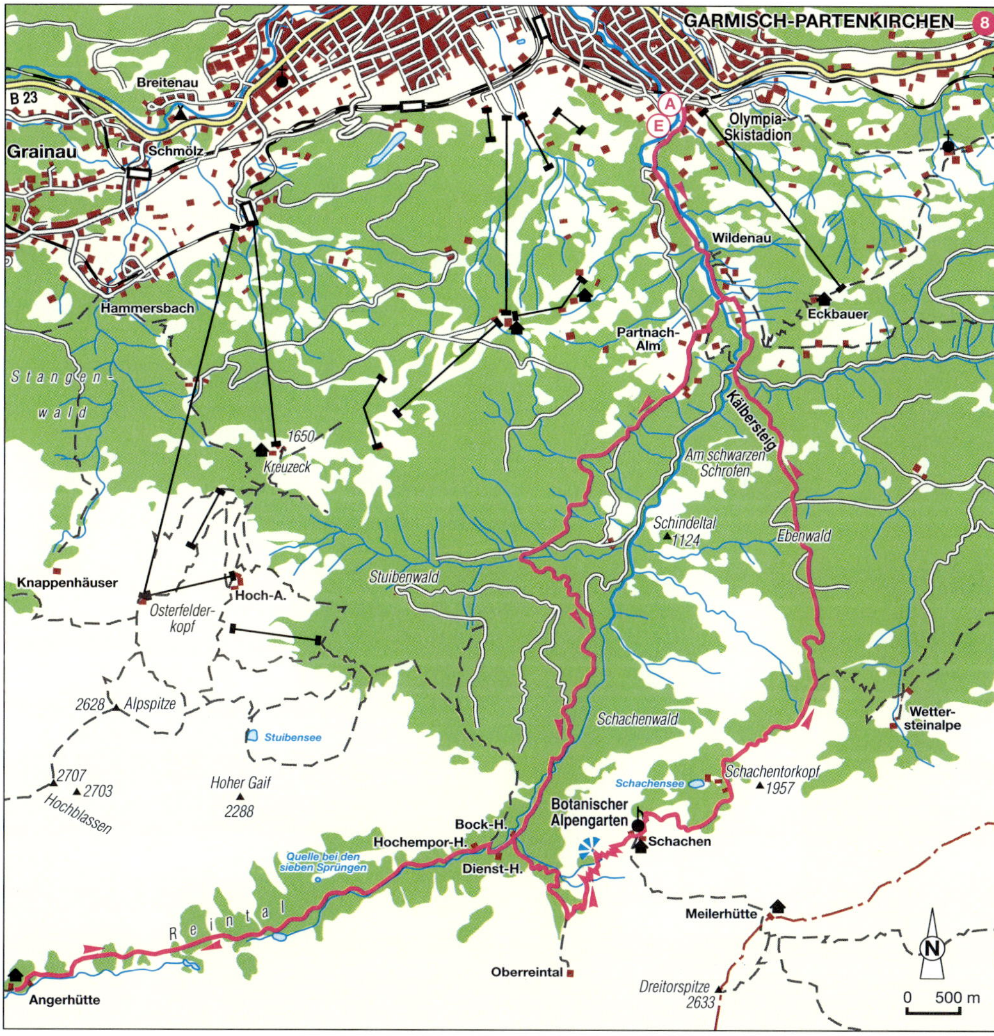

9 ECKBAUER-RUNDWANDERUNG

Alljährliche Fernsehübertragungen anläßlich der Deutsch-österreichischen Vierschanzentournee haben das Partenkirchener Olympiastadion mit seinen Sprungschanzen in aller Welt berühmt gemacht. Und auch der Steilhang hinauf zum Eckbauer mit der etwas altertümlichen Bergbahn ist als Weltcup-Slalomhang bekannt. Im übrigen Jahr jedoch herrscht hier nur verhaltener Rummel – dann sind Wanderer und Kurgäste die Hauptpersonen. Denn die Klamm, Graseck und der Eckbauer sind leicht erreichbare, beliebte Ziele für kleinere Ausflüge.

INFO ZUR TOUR

Ausgangs- und Zielort:
Garmisch-Partenkirchen, Ortsteil Partenkirchen, Olympiastadion.

Tourencharakter:
Wanderung auf großenteils gemütlichen Wanderwegen.

Anfahrt:
Von München über die A 95 und die B 2 bis zur Abfahrt Olympiastadion in Partenkirchen. Von Augsburg über die B 23 bis Oberau und weiter wie von München. Mit dem Zug (Bahnlinie München–Mittenwald) bis Garmisch-Partenkirchen.

Gesamtlänge: ca. 12 Kilometer.

Gehzeit: 4 Stunden.

Höhendifferenz: 530 Meter.

Markierung: P, P 6, WB 1, WB.

Der Weiler Wamberg, genau 1000 Meter hoch gelegen

Die Partnachalm von Graseck

In der Partnachklamm

KARRIERE EINER KLAMM

Eine der größten Attraktionen für den touristischen Besucher Garmisch-Partenkirchens ist die **Partnachklamm**. Die Partnach wird gespeist aus dem Wasser der Zugspitze. Sie entspringt im hintersten Reintal, im Partnachursprung auf genau 1500 Metern Höhe. Die kurze Strecke bis zur Hinteren Blauen Gumpe ist die Partnach ein kräftiger Bach; die Gumpe aber hat keinen Abfluß: Die Partnach versickert. Bei der Vorderen Blauen Gumpe ist sie plötzlich wieder da, und von dort fließt sie ohne Unterbrechung weiter bis zur Mündung in die Loisach.

Man vermutet, daß die Partnach vor der letzten Eiszeit, also vor etwa 15 000 Jahren, direkt zur Isar floß, und zwar über das Tal, in dem heute der Ferchenbach (Richtung Partnach) plätschert, nach Klais und weiter nach Krün im Isartal. Der Höhen-

Blick in das Sebastianskircherl

rücken, der sich vom Kreuzeck bis ins Isartal zieht, versperrte der Partnach den Weg nach Norden. Die Partnachklamm belegt sehr anschaulich, wie ein Fluß sich seinen Weg sucht; denn irgendwann einmal muß die Partnach (oder ein Bach, der vom Graseck herabkam) den höchsten Punkt überwunden und den Weg ins Loisachtal gefunden haben.

Die wirtschaftliche Nutzung der Partnach ist noch nicht sehr alt. Ende des 18. Jahrhunderts begann man mit der Holztrift. Es liegen ja, durch den Riegel der Klamm abgetrennt, riesige Waldgebiete oberhalb des Durchbruchs. Ihre Nutzung ist für die Bewohner Partenkirchens und Garmischs nicht einfach gewesen, denn der normale Transportweg über die Partnachalm oder über Elmau und Klais war entweder sehr gefährlich oder aber sehr lang. Da lag es nahe, die zersägten Baumstämme auf dem Wasser der Partnach und des Ferchenbachs bis Partenkirchen zu triften. Erst vor

Partenkirchen, Kirche Mariä Himmelfahrt

Bläsergruppe beim Loisachgaufest

30 Jahren wurde das Triften mit der Erschließung des Reintals und des Ferchenbachtals durch Forststraßen uninteressant. Doch die heutige Situation in der Klamm verdankt sich ursprünglich den Interessen der Trifter an einem Weg, mit dessen Errichtung man 1886 begann: Stahlträger wurden in die Schluchtwände getrieben und diese mit Holzbohlen belegt. Hier konnten die Trifter die Baumstämme lenken beziehungsweise wieder flottmachen. 1912 konnte dann ein gesicherter Weg mit vielen Tunnels freigegeben werden (siehe auch Tour 6). Die Klamm kann übrigens auch im Winter besichtigt werden; von besonderer Schönheit sind dann die Eisgebilde.

DER BESONDERE TIP

Wer mit dem Fiaker zur Partnachklamm fährt und sich mit dem Kutscher unterhält, macht eine sehr interessante Beobachtung: Die Sprache, die in Partenkirchen gesprochen wird, ist sehr verschieden von der etwa im Chiemgau. Obwohl oberbairische Komponenten überwiegen, mischen sich schwäbische und Tiroler Brocken in den Dialekt der Einheimischen. Vielen mag er deshalb recht unverständlich erscheinen, und vielleicht sind wegen der Verständigungsprobleme manche Kutscher so einsilbig ...

Der Weg durch die Partnachklamm ist der Beginn der hier beschriebenen Tour. Sie führt dann hinauf in die Höhe, um nach der feuchtkalten, finsteren Klamm wieder Wärme und Licht zu verspüren.

Vom Skistadion folgt man der geteerten Straße partnachaufwärts in die **Wildenau** (Wegweiser Partnachklamm). Wer will, kann sich dieses Stück (ungefähr eine halbe Stunde zu Fuß) mit dem Fiaker fahren lassen. Am Klammeingang muß man seinen Obulus entrichten, und schon ist man mitten drin in der feuchten Dunkelheit. Das Tosen des Wassers übertönt jeden Schritt,

AUF EINEN BLICK

Empfohlene Jahreszeit:
April bis Oktober; je nach Witterungsverhältnissen auch Anfang November. Die Klamm selbst ist im Frühjahr, wenn die Partnach viel Wasser führt, schöner als im meist trockenen Herbst.

Öffentliche Verkehrsmittel:
Von München verkehrt tagsüber die Bahn im Stundentakt (»Werdenfels-Takt«) bis Garmisch-Partenkirchen. Von dort Bus zum Olympiastadion. Um die üblichen Staus vor Oberau und Farchant, häufig aber schon vor Eschenlohe zu meiden, ist die Anreise per Bahn sehr ratsam.

Empfohlene Gebietskarte:
Bayerisches Landesvermessungsamt 1:50 000, Blatt Karwendelgebirge/Werdenfelser Land. Für die Garmischer/Grainauer Umgebung empfehlenswert ist die Kurwegekarte Garmisch-Partenkirchen/Grainau/Farchant im Maßstab 1:15 000, erhältlich bei den jeweiligen Kurverwaltungen.

Einkehrmöglichkeiten am Wege:
Zahlreiche Kiosks in der Nähe der Klamm. Wettersteinhütte und Alm-Stuben Graseck; Gasthof Eckbauer; Gasthaus Wamberg (Freitag Ruhetag).

Unterkunft:
Eine Vielzahl von Hotels und Pensionen steht den Gästen in der Umgebung Garmisch-Partenkirchens zur Verfügung. Unterkunftsmöglichkeit im Bereich der Wanderung nur im Forsthaus Graseck.

Camping:
Großer Campingplatz am Tennsee, sehr gut ausgestattet. Campingplatz Zugspitze an der B 23 am Ortsausgang von Garmisch Richtung Grenze.

Bademöglichkeit:
Hallenbad Partenkirchen; Kainzenbad in unmittelbarer Nähe zum Olympiastadion; Warmbad Werdenfels in Farchant; Zugspitzbad in Grainau.

Sehens- und Wissenswertes:
Die Wallfahrtskirche St. Anton in Partenkirchen mit ihrem externen Kreuzweg verdient einen Besuch!

Alternativen für schlechtes Wetter:
Besuch des Alpen-Zoos in Innsbruck (sehr gute Zugverbindung via Mittenwald). Schloßbesichtigung Linderhof. Besuch der Museen in Garmisch, Mittenwald, Murnau, Kochel.

Auskunft:
Kurverwaltung Garmisch-Partenkirchen, Postfach 1562, 82467 Garmisch-Partenkirchen; Tel.: (0 88 21) 1 80 19.

jedes Wort. Bald schon gelangt man an den neu ausgesprengten Teil (siehe Tour 6), und nun geht es etwas aufwärts zum Klammende. Hier empfängt einen die Sonne, und hier ist die Partnach noch ein grünweißlicher, ruhiger Bach.

Nach ein paar Stufen folgt man an der Gabelung dem Weg nach Graseck und steigt über einen steilen Waldhang, vorwiegend über Treppenstufen, hinauf. Wenn man aus dem Wald heraustritt, ist bald die **Wettersteinhütte** erreicht, von der man zum Gasthof Alm-Stuben und zur Bergstation der Graseckbahn weitergeht, wo man nach rechts Richtung Hintergraseck auf einer steilen, schmalen Straße marschiert. Auf einer Kuppe kurz vor Mittergraseck zweigt nach links wieder ein Weg ab (Wegweiser Eckbauer). Diesem Weg folgt man nun bis hinauf zum **Gasthaus Eckbauer**, von dem man bei schönem Wetter einen tollen Blick auf die Zugspitze und die Waxensteine hat.

Vom Gasthof geht man ostwärts zur Eckbauerbahn-Bergstation, an der man rechts vorbeigeht (Wegweiser Gasthaus Wamberg). Nun wandert man über den breiten Wiesenrücken ostwärts. Kurz hinter (unterhalb) einer Anhöhe mit einer Reihe von Ruhebänken geht man auf einem kleinen Weg erst nach rechts und gleich darauf, an einer Forststraße, nach links (Wegweiser Wamberg). Auf dieser Straße bleibt man bis **Wamberg**. In der Mitte des Dorfes wendet man sich nach links (Skistadion/Partenkirchen). Schließlich wandert man recht steil abwärts bis zu den ersten Häusern Partenkirchens. Man überquert den Parkplatz am Kreiskrankenhaus und geht nach links zum Skistadion.

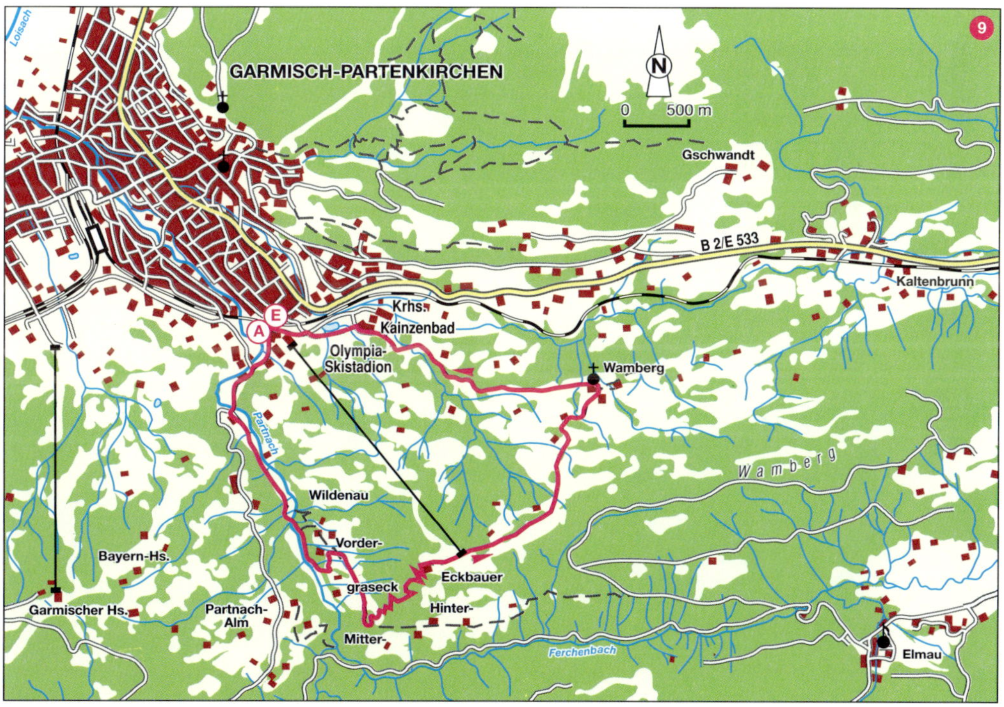

10 AUF DEN WANK

Der Wank, ein Wander- und Skiberg der Partenkirchener und Farchanter und der westlichste Berg des Estergebirges, ist bequem mit der Gondelbahn zu erreichen. Es führt aber auch ein sehr schöner, nicht viel begangener Weg hinauf auf den Gipfel. Egal, ob man sich für den Aufstieg zu Fuß oder die Gondelbahn entscheidet: Vom Wank hat man eine herrliche Aussicht auf das Wettersteingebirge und hinunter ins Loisachtal, und der Abstieg über die Esterberg-Alm bietet einen gesunden, nicht allzu langen Wanderweg.

INFO ZUR TOUR

Ausgangs- und Zielort:
Garmisch-Partenkirchen, Talstation der Wankbahn.

Tourencharakter:
Wanderung. Der Aufstieg und der Abstieg ab der Esterberg-Alm verläuft auf Wanderwegen, der Abstieg vom Wank zur Esterberg-Alm auf einem Steig.

Anfahrt:
Mit dem Zug bis Garmisch-Partenkirchen; vom Bahnhof mit dem Bus zur Talstation der Wankbahn. Mit dem Auto über die B 2 Richtung Mittenwald in den Ortsteil Partenkirchen und den Schildern Wankbahn nach.

Gehzeit:
6 bis 6½ Stunden; benützt man die Bahn, 3½ bis 4 Stunden.

Höhendifferenz:
1000 Meter; inklusive der Gegenanstiege 1300 Meter.

Markierung:
W 3, W 2, FS, PH; teilweise rote Markierungen an Bäumen.

Die Zugspitze, davor der Wank, vom Krottenkopf

Kartenstudium

EIN AUSGEDEHNTER FUSSMARSCH

Der Wank ist nicht nur einer der niedrigeren Berge des Estergebirges, er ist auch wesentlich weniger schroff als die anderen Berge dieser kleinen Gruppe. Das liegt daran, daß er in der Würmeiszeit von Gletschern bedeckt war und von diesen abgeschliffen wurde. Seine Höhe von 1780 Metern genügte nicht, um aus dem Eis herauszuragen. Die relativ flachen Hänge machen den Wank auch zu einem beliebten Skiberg; lediglich die Abfahrt zur Esterbergalm ist etwas anspruchsvoll.

Seine Lage unmittelbar gegenüber den Gipfeln des Wettersteingebirges mit unverstellter Sicht auf das Karwendelgebirge machen den Wank für alle interessant, die eine großartige Aussicht genießen und dabei wandern wollen. Für viele Wanderer ein Vorteil ist auch die leichte Erreichbarkeit durch die Kabinenbahn hinauf zur Mittelstation und weiter zum Gipfel. Wer zu Fuß zum Gipfel gehen will, geht vom Südende des Parkplatzes auf einem kleinen Weg ein paar Schritte, zweigt nach links ab (Wegweiser Philosophenweg) und marschiert Richtung Süden. Schon bald sieht man die **Wallfahrtskirche St. Anton**. Besonders interessant ist die aus dem 17. Jahrhundert stammende und im 18. Jahrhundert erweitere Kirche wegen ihres Rokoko-Kuppelfreskos, das Motive aus dem Leben des hl. Antonius von Padua darstellt. Die Kuppel wurde mit illusionistischer Deckenmalerei gestaltet: Pfeiler, Stufen, Säulen und Pyramiden sind so dargestellt, daß der Eindruck einer architektonisch ganz anders konstruierten Kuppel entsteht. Zur Kirche hin führt ein **Kreuzweg** mit zehn freistehenden kleinen Kapellen, die ebenfalls im Stil des Rokoko ausgemalt sind. Diesem Kreuzweg folgt man in umgekehrter Richtung, bergab. Nun kommt man zu den obersten Häusern Partenkirchens; hier findet man Wegweiser zur Gamshütte und zum Josefibichl (Markierung FS). Oberhalb der letzten Häuser steigt der Weg an.

Estergebirge vom Schachen

Bei Garmisch, im Hintergrund die Soierngruppe

Kurz vor Eintritt in den Wald trifft man auf eine Weggabelung, an der man sich nach rechts Richtung Gamshütte wendet. Der Weg steigt jetzt an, führt in Serpentinen aufwärts, und nach wenigen Schritten ist man urplötzlich in einer ausgesprochen wilden und urtümlichen Landschaft, mitten in Schluchten und unter Felsabbrüchen. Der Weg quert dann den recht lebhaften Faukenbach. Dann steigt er wieder an und führt zur **Gamshütte**, 1000 Meter hoch gelegen. Hier hält man sich scharf links (Wegweiser Wank und Gschwandtnerbauer). Von der Gamshütte hat man einen sehr schönen Blick auf Garmisch und auf den gegenüberliegenden Kramer, aber auch auf die Waxensteine, die Zugspitze und die Alpspitze.

Kurz oberhalb der Gamshütte folgt man an der Gabelung dem Weg nach links zum Wank (Markierung W 5). Der kleine, sehr gut gangbare Steig führt hinauf zur **Ecken-Alm**; dort verliert sich der Weg etwas, aber man sieht schon einen Wegweiser: nach links zur Mittelstation der Wankbahn und, fast immer auf gleicher Höhe, hinüber zur Esterberg-Alm, nach rechts zum Wank. Weiter geht es bergauf; aus der Almwiese wird lichter Bergwald, der aber zum Teil durch die Orkane des Frühjahrs 1990 schwer beschädigt ist. Nach dem Durchqueren einer solchen Windbruchschneise kommt man wieder auf eine Alm mit mehreren Ruhebänken. Man hält sich hier entweder links oder geradeaus, direkt den Hang hinauf. Oben, am Eintritt in den Wald, vereinen sich die Wege wieder. Es folgen nun langgezogene Serpentinen, und schließlich wandert man unter der Seilbahn zur Bergstation und weiter zum Gipfel.

Vom Gipfel wandert man hinüber Richtung Norden, am Observatorium und an einem Lifthäuschen vorbei, und weiter bis zu einem Sattel mit Unterstand. Hier biegt man nach links ab und gleich wieder nach rechts (außer, man will das Schafköpfl besteigen). In vielen Serpentinen windet sich der Steig hinunter, immer in sehr schönem lichten Wald mit vielen Blumen. Kurz oberhalb der **Esterberg-Alm** erreicht man eine Wegverzweigung, man hält sich rechts und kommt auf eine kleine Forststraße, die man überquert. Den Zaun an der Straße übersteigt man und geht hinunter zur Almstraße, die die Esterberg-Alm mit Partenkirchen verbindet.

Vor der bewirtschafteten Esterberg-Alm (hier gibt es nicht nur Bier und Brotzeit, sondern auch Kaffee und Kuchen, außerdem ist das Innere der Hütte urgemütlich) hält man sich an den Wegweiser zum Gschwandtnerbauern und nach Partenkirchen. Der Weg führt etwas ansteigend zum Fuß des Esterberglifts und weiter zum Kaltwassergraben, dem man bachaufwärts folgt (der Kaltwassergraben endet in einer kleinen Lacke auf der Esterberg-Alm). Nach knapp 150 Höhenmetern Anstieg erreicht man einen Sattel, wo ein Weg vom Wank herunterkommt. Hier geht man weiter geradeaus. Sehr schnell marschiert man hinunter zum **Gschwandtnerbauern** in etwas mehr als 1000 Metern Höhe. Der Fleck, auf dem dieses Gasthaus steht, ist einfach herrlich: Alte Ahornbäume, saftige Wiesen, und gegenüber, weiß leuchtend, die Berge des Wettersteingebirges. Es ist nahezu atemberaubend, wenn man aus dem Wald heraustritt und dieses Panorama vor Augen hat!

Wer einkehren will, muß die paar Schritte hinuntergehen zum Gasthaus; der Weg zur Gamshütte zweigt etwas oberhalb des Gschwandtnerbauern nach rechts ab (Wegweiser Gamshütte und Partenkirchen). Zuerst muß man gut 100 Höhenmeter aufsteigen, recht steil und der Sonne ausgesetzt. Dann wandert man über sumpfiges Gelände in Richtung Westen. An einer Stelle, wo die Orkane den Wald buchstäblich wegrasiert haben, beginnt eine Forststraße. Solange es möglich ist, bleibt man auf dem kleinen Steig neben der Straße. Bald aber muß man die Straße

☞ AUF EINEN BLICK

Empfohlene Jahreszeit:
Außer im Winter das ganze Jahr über.

Öffentliche Verkehrsmittel:
Bahnverbindung von München (»Werdenfels-Takt«) bzw. Mittenwald nach Garmisch-Partenkirchen. Von dort Bus zur Talstation. Von Grainau mit dem Bus (Eibsee-Linie) in den Markt und weiter mit dem Bus zur Talstation.

Empfohlene Gebietskarte:
Bayerisches Landesvermessungsamt 1:50 000, Blatt Karwendelgebirge/Werdenfelser Land; Kurwegekarte 1:25 000 Garmisch-Partenkirchen/Grainau/Farchant.

Einkehrmöglichkeiten am Weg:
Wank-Haus der Sektion Garmisch-Partenkirchen des DAV auf dem Gipfel des Wank; Esterberg-Alm; Gschwandtnerbauer; Gamshütte.

Unterkunft:
Keine Übernachtung im Wank-Haus und auf der Esterberg-Alm. Übernachtungsmöglichkeit im Gasthof Gschwandtnerbauer. Zahlreiche Hotels und Gasthäuser in Farchant und Garmisch-Partenkirchen.

Camping:
Campingplatz rechts der Strecke Garmisch–Reutte an der B 23. Campingplätze am Tennsee und am Isarhorn zwischen Garmisch-Partenkirchen und Mittenwald.

Bademöglichkeit:
Warmbad Werdenfels in Farchant; Hallenbad in Garmisch-Partenkirchen; Zugspitzbad in Grainau; Freibad am Pflegersee.

Sehens- und Wissenswertes:
In der (alten) Pfarrkirche St. Martin in Garmisch wurden, verdeckt von 16 Schichten Tünche, bedeutende Wandgemälde freigelegt und restauriert, unter anderem ein Christophorus aus der Mitte des 13. Jahrhunderts sowie zahlreiche Gemälde aus dem 15. und 16. Jahrhundert.
Der Komponist Richard Strauss verbrachte einen großen Teil seines Lebens in Garmisch, wo er auch seine bekanntesten Werke, etwa »Elektra« und »Der Rosenkavalier«, schuf.

Alternativen für schlechtes Wetter:
Wenn das Wetter für eine Bergtour zu schlecht ist, kann man den Philosophenweg von St. Anton bis Farchant gehen; ein schöner, breiter Weg ohne große Steigungen; Rückfahrt mit dem Zug.

Auskunft:
Kurverwaltung Garmisch-Partenkirchen, Postfach 1562, 82467 Garmisch-Partenkirchen; Tel.: (0 88 21) 1 80 19.

benützen, was wegen deren schlechtem Zustand nicht angenehm ist. Aber nicht weit, dann geht nach rechts ein Steig ab (Wegweiser, schlecht lesbar, zur Gamshütte und nach Partenkirchen). Die **Gamshütte** ist auch bald erreicht; man sollte sich eine Rast an diesem grandiosen Aussichtspunkt nicht entgehen lassen! Von der Gamshütte folgt man dem Weg hinunter (Markierung FS) und kommt zur Wallfahrtskirche St. Anton, von wo ein Wegweiser hinüber zur Talstation führt.

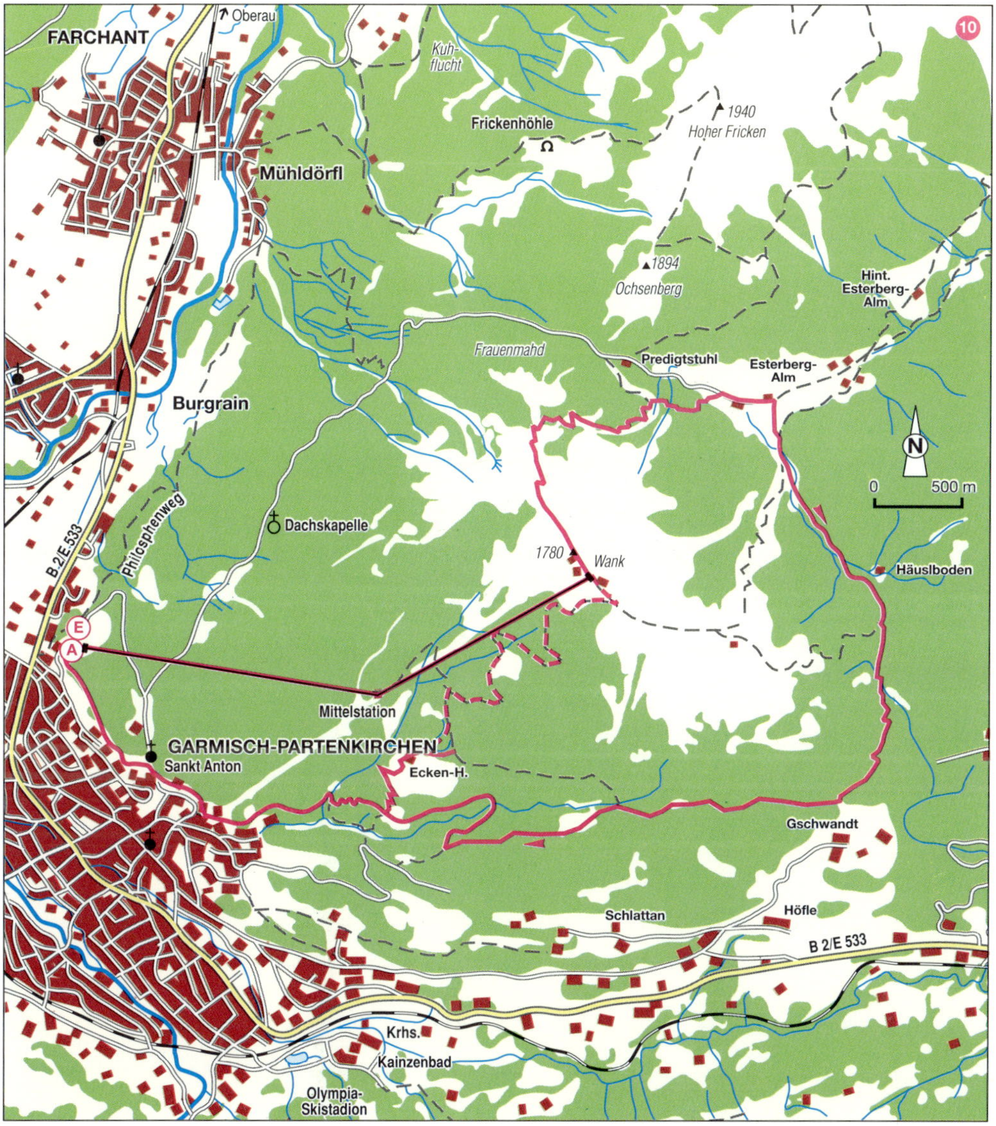

11 VON OBER-AMMERGAU AUF DEN KOFEL

Wo sich das Ammertal weitet und die Berge rechts und links des hier noch kleinen Flusses zurücktreten, steht als letzter Talwächter der Kofel. Obwohl nur 1342 Meter hoch, wirkt er von unten, vom Ammertal und von Oberammergau aus, doch recht imposant. Und weil es nicht weit ist hinauf zum großen Gipfelkreuz, erhält der Kofel auch recht viel Besuch.

INFO ZUR TOUR

Ausgangs- und Zielort:
Oberammergau.

Tourencharakter:
Die Tour auf den Kofel verläuft zu einem Teil auf angenehmen Wanderwegen im Auf- und im Abstieg. Der letzte Teil des Gipfelaufbaus ist hingegen sehr felsig und daher teilweise mit Seilen und eisernen Tritten gesichert.

Anfahrt:
Mit der Bahn bis Oberammergau oder mit dem Auto über die A 95 bis Oberau und weiter auf der B 23 über Ettal nach Oberammergau bzw. von Augsburg auf der B 23 bis Oberammergau.

Gehzeit: 3½ bis 4 Stunden

Höhendifferenz: 550 Meter

Markierung:
Rote Punkte an Felsen; weißrote Markierung an Bäumen; Wegweiser.

Oberammergau vom Gipfel des Kofel

Der Kofel, aus dem Ammertal gesehen

Oberammergau, vom Fuß des Kofel aus gesehen

EIN WAHRZEICHEN OBERAMMERGAUS

Der Kofel ist ein sehr steil aufragender, nach Süden, Osten und Norden hin felsiger Berg, der bei der Zufahrt nach Oberammergau, besonders von Ettal, schon von weitem zu sehen ist. So steil bricht er ins Ammertal ab, daß man kaum glaubt, daß hier herauf ein recht bequemer, unschwieriger Weg führt. Seine exponierte Lage verspricht hervorragende Aussicht auf das Ammertal und auf die umliegenden Berge des Ammergebirges, hinüber zur Notkarspitze, zum Kuchelberg, zum Pürschling und zum Teufelsstättkopf. Besonders schön ist das Tal der Ammer, wenn man vom Friedhof aus Richtung Süden und Westen, also flußaufwärts, geht (ein kleiner geteerter Weg, der am Friedhof vorbeiführt). Der Kofel zeigt sich hier als Felsengipfel mit steilen Wänden.

Den Kofel kann man, ausgenommen im Winter und im zeitigen Frühjahr, zu jeder Jahreszeit ersteigen. Im Sommer freut man sich über die meist schattigen Wege, im Herbst leuchtet die Sonne durch das lichter gewordene Laub der Buchen und Ahorne, die sich im Oktober wunderbar färben. Der Bergwanderer muß hier also kaum etwas entbehren, was die Berge so schön macht – außer dem Wasser. Da eine gastliche Hütte fehlt und ein Wirtshaus erst auf dem letzten Stück des Abstiegs zu finden ist, sollte man sich gut mit Getränken eindecken!

Ausgangspunkt der Tour ist der Wanderparkplatz beim Friedhof, unmittelbar am Fuße des Kofel. Hierher gelangt man entweder zu Fuß oder mit dem Auto, indem man von der Ortsmitte her den Schildern Jugendherberge nach zur König-Ludwig-Straße und über die Ammer geht bzw. fährt. Hinter der Unterführung unter der Bundesstraße folgt man dem Schild zum Friedhof, vor dem unübersehbar der Wanderparkplatz liegt.

Engel am Hochaltar in Oberammergau

Lüftlmalerei an Bauernhaus in Oberammergau

Cafészene, Oberammergau

Von hier trifft man nach ein paar Schritten bergauf auf den **Grottenweg**. Ihm folgt man ein kleines Stück nach links (Wegweiser Kofel), bis man auf eine Wiese, Kälberplatte genannt, kommt. Der Weg zum Kofel führt nach rechts, nach Westen, über die Wiese Richtung Wald (Wegweiser zum Kofel ist leider nicht mehr lesbar). An einem Felsblock befindet sich ein Pfeil und eine schlecht lesbare Aufschrift Kofel. Schon bald führt der Weg in den Wald. Hier beginnen nun Serpentinen, die den Wanderer recht zügig aufwärts bringen. Der Weg ist sehr gut zu gehen, hat immer eine angenehme Steigung und ist überwiegend schattig. Bald kommt man an die ersten Felsen und sieht schon von weit unten das Gipfelkreuz.

Nach gut einer halben Stunde Gehzeit quert der Weg eine Rinne, die mehrere hundert Höhenmeter in einem Riß hinunterzieht ins Ammertal. Bei starken Regenfällen tost hier ein Bach, der große Mengen Kies ins Tal spült. Kurz hinter dieser Kiesreiße erreicht man einen Sattel zwischen dem Kofel und dem Vorderen Rappenkopf. Hier wendet man sich nach rechts (Wegweiser Kofel). Man kommt dann an den Steilaufschwung. Hier beginnt ein Steig, der an vielen Stellen mit einem Geländer aus Drahtseil gesichert ist. Ein Hinweis: Obwohl dieser Steig keine Schwierigkeiten bietet, können ihn nur schwindelfreie und trittsichere Wanderer gehen. Es ist hier wie an vielen anderen Stellen im Gebirge auch: Man darf nicht ausrutschen! Wer etwas aufpaßt und sich der Seilgeländer bedient, der kann, zumindest bei trockenem Wetter, ohne Angst den Gipfel besteigen.

Man folgt den Drahtseilen beziehungsweise dem Steig; kurz unterhalb des Gipfels erreicht man einen sehr steilen Aufschwung mit Drahtseilen und einigen Stiften als Tritte. Er kann aber auch umgangen werden, indem man kurz davor nach links abbiegt und um den Gipfelaufbau herumgeht, an einem Unterstand vorbei, und von Nordosten her auf den Gipfel steigt.

Auf einen Blick

Empfohlene Jahreszeit:
Da der Anstieg auf den Kofel der Sonne ausgesetzt ist, kann die Tour vom Frühjahr bis in den Herbst gegangen werden. Für die Besteigung des Gipfels selbst sollten trockene Verhältnisse herrschen.

Öffentliche Verkehrsmittel:
Oberammergau ist Endstation der Nebenstrecke Murnau – Oberammergau. In allen Zügen ist Fahrradtransport möglich; mit dem Rad spart man sich den Fußmarsch zum Fuß des Berges und kann zudem noch eine kleine Radtour, etwa nach Ettal, anhängen!

Empfohlene Gebietskarte:
Bayerisches Landesvermessungsamt 1:50 000, Blatt Karwendelgebirge/Werdenfelser Land.

Einkehrmöglichkeit am Weg:
Kolbenalm oberhalb von Oberammergau. Das Wirtshaus (sehr schöne Terrasse mit Ausblick übers Ammertal) erreicht man erst im letzten Abschnitt der Tour. Ansonsten keine Einkehrmöglichkeiten.

Unterkunft:
Zahlreiche Unterkunftsmöglichkeiten in Ober- und Unterammergau, in Ettal, Graswang, Bad Kohlgrub. Keine Schutzhütte auf der Tour.

Camping:
Campingplätze am Staffelsee bei Seehausen, in Riegsee (in der Nähe von Murnau), Garmisch (an der B 23 Richtung Reutte) und am Tennsee an der B 2. In unmittelbarer Nähe keine Campingmöglichkeit.

Bademöglichkeit:
Schwimmbäder in Ettal und Oberammergau.

Sehens- und Wissenswertes:
Die für das Werdenfelser Land typische Lüftlmalerei läßt sich sehr gut am »Pilatushaus« in Oberammergau studieren. Es wurde von Franz S. Zwinck gestaltet.
Ludwig Thoma, der gnadenlose Kritiker der dörflichen Spießer, war gebürtiger Oberammergauer. Seine Mutter entstammte einer Gastwirtsfamilie, dem »Schwabenwirt« (heute: »Zur alten Post«).

Alternativen für schlechtes Wetter:
Im Pilatushaus, Ludwig-Thoma-Straße 10, ist die »Lebende Werkstatt« untergebracht. Man kann sie besichtigen von Ende Mai bis Ende Oktober Montag bis Freitag 14–18 Uhr, Dienstag bis Freitag auch 9–12 Uhr und samstags 10–14 Uhr.

Auskunft:
Verkehrsamt Oberammergau, Rathaus, Schnitzlergasse 5, 82487 Oberammergau; Tel.: (0 88 22) 10 21.

Der besondere Tip

Mit Oberammergau verbinden die meisten Menschen – verständlicherweise – in erster Linie Lüftlmalerei, Holzschnitzerei und die Passionsspiele, Massentourismus und Kitsch. Der Ort hat jedoch auch andere Seiten. Eine davon repräsentiert die Pfarrkirche St. Peter und Paul. Sie ist ein in den Jahren 1736 bis 1742 entstandenes Werk des Baumeisters Josef Schmuzer aus Wessobrunn. An der künstlerischen Ausgestaltung – einer der reichhaltigsten im Alpenvorland – wirkte neben Schmuzer und dessen Sohn Franz Xaver unter anderen auch Franz Seraph Zwinck mit. Von diesem Lüftlmaler stammen die Fresken an der Orgelempore, die Szenen aus dem Alten Testament darstellen. Interessant ist auch der Friedhof an der Kirche mit seinen teils sehr üppigen Grabmälern.

Hier oben hat man nicht nur einen ganz ungewöhnlich schönen Blick hinunter auf Oberammergau, das fast lotrecht unter dem Betrachter liegt – hier sieht man auch ein Werk eines der für den Passionsspielort so typischen »Herrgottschnitzern«: Das **Gipfelkreuz** ist nicht bloß ein Balken mit einem Querbalken, sondern es ist mit einer Christusfigur geschmückt; alles in Holz geschnitzt. Hier sollte man sich in Ruhe umschauen, ins Land hinaus mit der Ammer und dem großen Moor, hinüber zum Laber, zur Notkarspitze und ins Estergebirge.

Wieder zurück am Sattel, folgt man dem Weg Richtung Westen (Wegweiser Oberammergau und Pürschlinghaus/Kolbensattelhütte). Er führt nun ein längeres Stück teilweise bergab, teils leicht bergauf dahin, immer in Richtung Kolbensattel. Nach gut einer halben Stunde Gehzeit trifft man auf den Weg zum Pürschlinghaus; hier nun hält man sich rechts (Wegweiser Oberammergau). Die weitere Strecke bergab ist, ähnlich dem Aufstiegsweg, sehr gut zu laufen und schattig; Abzweigungen gibt es nicht.

Nach etwa eineinviertel Stunden Gehzeit erreicht man die **Kolbenalm**, die nur wenig oberhalb der Ortschaft liegt (Skilift). Hier lädt eine sehr schöne Terrasse zur Rast ein. Dann geht es weiter hinab, bis nach rechts der Grottenweg abzweigt. Ihm folgt man bis zum Parkplatz. Wer mit der Eisenbahn angereist ist, benützt nicht den Grottenweg, sondern bleibt auf dem Fahrweg oder nimmt den kleinen Weg daneben bis in den Ort hinein und geht die wenigen hundert Meter zum Bahnhof.

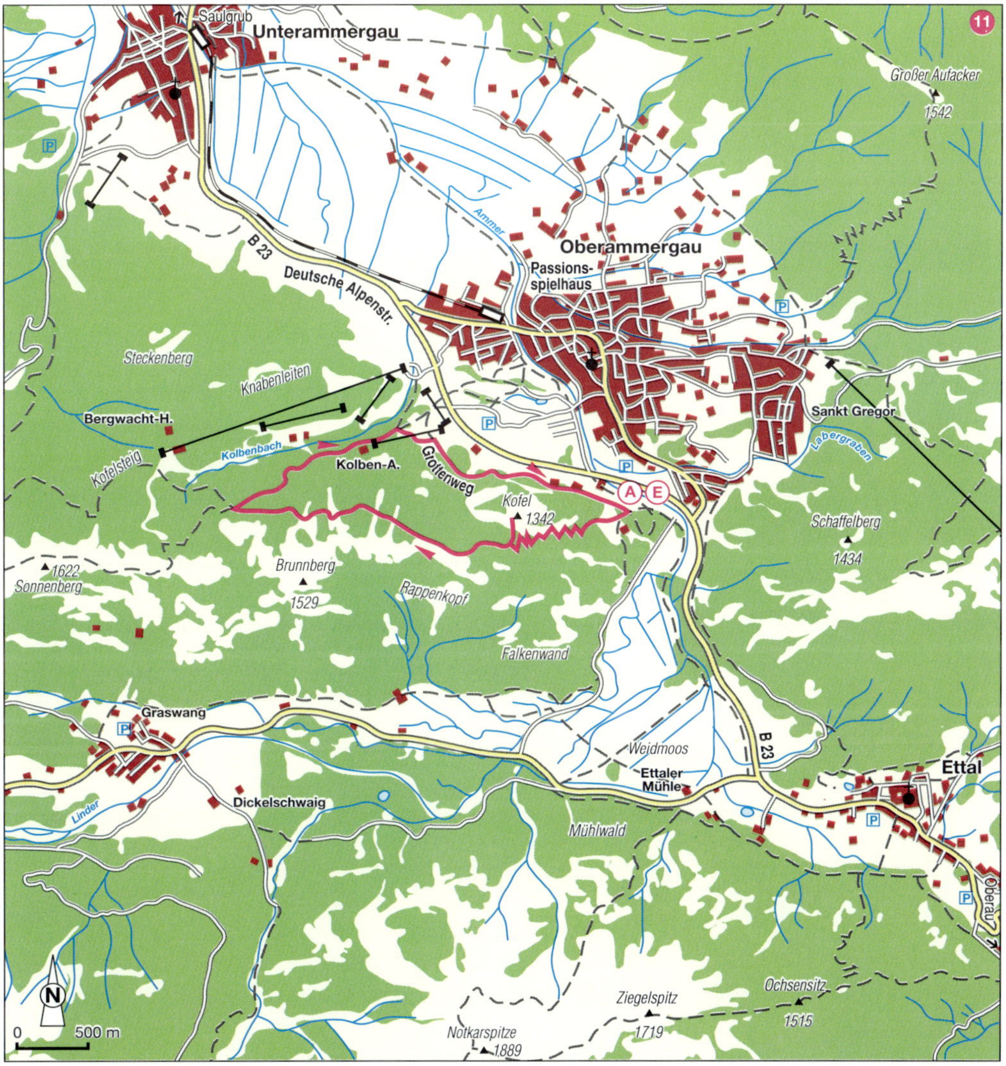

12 VON LINDERHOF AUF DEN BRUNNENKOPF

Der Talschluß des Graswangtales ist kontrastreich: links und rechts die steilen, schroff abbrechenden Berge, unten im Tal der Bach mit langen Schuttgräben, davor grüne Wiesen und dunkler Wald, am Südhang unter dem Hennenkopf das »Märchenschloß« – und ganz hinten im Talschluß Scheinberg und Klammspitze. Und davor der Brunnenkopf mit seiner schönen, gemütlichen Hütte – eine Empfehlung für den Wanderer!

INFO ZUR TOUR

Ausgangs- und Zielort:
Linderhof, auf der Strecke Oberammergau – bzw. Ettal – Reutte gelegen.

Tourencharakter:
Bis zu den Brunnenkopfhäusern Wanderung auf breiten Wegen; danach kleiner, zum Teil steiler Steig, die letzten Meter etwas ausgesetzt.

Anfahrt:
Von München auf der Autobahn Richtung Garmisch bis Oberau; weiter auf der B 23 nach Ettal und hinter der Ortschaft nach links, Richtung Reutte/Ettal; von Augsburg über die B 23 bis zur gleichen Abfahrt. Weiter über Graswang bis zum Parkplatz am Schloß Linderhof.

Gehzeit: 4 Stunden.

Höhendifferenz: 800 Meter.

Markierung:
Weißrote Markierung an Bäumen; AV-Wegnummer 231.

Porzellanputti im Schloßgarten zu Linderhof

INMITTEN DES LUDWIG-KULTS

Schloß Linderhof gehört zu den Orten Bayerns, die weit über seine Grenzen hinaus bekannt sind. Zu verdanken ist das ganz allein dem Wittelsbacher Ludwig II., dem »Märchenkönig«. König Maximilian II., Ludwigs Vater, hatte hier bereits ein hölzernes Jagdhaus bauen lassen, das sein Sohn erweiterte beziehungsweise neu errichtete. Georg Dollmann entwarf die Pläne, und 1874 wurde mit dem Bau begonnen. Allerdings konnten nicht alle Ideen Ludwigs (so war auch ein Theater geplant, eine Leidenschaft des Königs) realisiert werden. Doch was man heute besichtigen kann, reicht aus, um Menschen aus allen Kontinenten anzulocken.

Aber das Ziel dieser Wanderung ist der Brunnenkopf (1718 Meter), und alles andere ist willkommenes Beiwerk. Die Tour auf den Brunnenkopf ist eine einfache Wanderung auf einen Gipfel mit guter Aussicht nach Süden in das Wettersteingebirge, nach Westen und hinaus ins hügelige Allgäuer Land im Nordwesten, eingebettet in einen Kamm von Felszacken, der sich vom Kofel (siehe Tour 11) bei Oberammergau über Pürschling, Teufelsstättkopf, Hennen- und Dreisäuler Kopf bis zur Klammspitze zieht. Auf dem Weg sieht man unglaublich wilde Felsgestalten, wie sie nur der im Ammergebirge vorherrschende Hauptdolomit hervorbringt. Und oben, nur gut hundert Meter unterhalb des Gipfels, lädt eine sehr gut geführte Hütte zur Rast ein. Was will man mehr?

Graswang mit der Klammspitze

Gipfel des Brunnenkopfs mit Klammspitze

Mühsame Arbeit: das »Hiefeln«

Wer am Morgen nach Linderhof kommt, wird kaum glauben wollen, welch Betrieb hier wenige Stunden später herrscht. Aber jetzt, am Morgen, ist es noch ruhig; nicht einmal die Parkwächter sind zu sehen. Am besten, man stellt das Auto im westlichen Teil der gigantischen Parkanlage ab; schließlich macht es wenig Spaß, sich später am Tag durch die parkplatzsuchenden Autos zu schlängeln.

Am Beginn der Wanderung nimmt man den rechten Ast der Weggabelung unmittelbar am nordwestlichen Ende des Parkplatzes (hier auch Hinweisschilder Brunnenkopf, Klammspitze). Anfangs führt der Weg an einem Bach mit an heißen Tagen sehr einladenden Gumpen entlang, der schon bald überquert wird. Man kommt dann auf eine Forststraße, wendet sich auf

☞ AUF EINEN BLICK

Empfohlene Jahreszeit:
Frühsommer (Achtung: Schnee unterhalb der Klammspitze!) wegen der Vielfalt der Blumen und Kleintiere; Herbst wegen der großartigen Aussicht.

Öffentliche Verkehrsmittel:
Bis Oberammergau per Bahn von München über Murnau/ Kohlgrub. Von Oberammergau verkehrt ein Linienbus nach Linderhof; erste Abfahrt: 10 Uhr.

Empfohlene Gebietskarte:
Bayerisches Landesvermessungsamt 1:50 000, Blatt Karwendelgebirge/Werdenfelser Land oder Blatt Pfaffenwinkel/Staffelsee.

Einkehrmöglichkeiten am Weg:
Brunnenkopfhäuser (1602 Meter) der DAV-Sektion Bergland unter dem Brunnenkopf; bei Abstieg über den Pürschling: das August-Schuster-Haus am Pürschling (1564 Meter) der DAV-Sektion Bergland. Imbißstände am Parkplatz in Linderhof.

Unterkunft:
Matratzenlager auf den Brunnenkopfhäusern, Tel.: (01 61) 1 82 51 90; Betten und Matratzenlager auf dem August-Schuster-Haus am Pürschling, Tel.: (0 88 22) 35 67. Zahlreiche Gasthäuser und Hotels in Graswang, Ettal, Oberammergau.

Camping:
Campingplätze am Baiersoierner See, am Staffel- und am Riegsee.

Bademöglichkeit:
Schwimmbäder in Oberammergau, Ettal und Oberau; Bademöglichkeit an Baiersoierner See, Staffel- und Riegsee.

Sehens- und Wissenswertes:
Wer nur selten nach Oberbayern kommt, sollte die Gelegenheit nutzen, auch die nahegelegenen Schlösser Hohenschwangau und Neuschwanstein zu besuchen. Ebenfalls im Umkreis liegt die Wieskirche bei Steingaden. Weitere Sehenswürdigkeiten sind das Kloster Ettal und der Ort Oberammergau.

Alternativen für schlechtes Wetter:
Besichtigung des Schloßmuseums Murnau, des Kocheler Franz-Marc-Museums, des Walchensee-Kraftwerks, der Basilika Altenstadt bei Schongau.

Auskunft:
Verkehrsamt Ettal, Ammergauer Straße 8, 82488 Ettal; Tel.: (0 88 22) 34 35.

dieser ein paar Schritte nach links, und hier geht der Weg nach rechts wieder weiter (Wegweiser Brunnenkopf), nun etwas besser ausgebaut und breiter. Dieser Weg zieht nun in sehr langen, flachen Kehren bis zur Waldgrenze; von hier sieht man schon die **Brunnenkopfhäuser**. War der Anstieg bis hierher recht trocken und bei Sonnenschein auch sehr heiß (nur im unteren Teil schattiger Wald; ansonsten lichter Wald und Hangrichtung Süd), so entschädigt kurz unterhalb der Hütte eine Wasserstelle mit Brunnen. Die Hütte, sehr schön über dem Tal und geschützt durch einen Höhenzug nordwestlich gelegen, verdient einen Besuch; es gibt auch Übernachtungsmöglichkeiten, und Kinder finden hier sogar einen Spielplatz!

Unmittelbar vor der Hütte führt ein kleiner Steig nach rechts bergan (kein Wegweiser). Auf diesem Steig (Vorsicht bei Nässe! Sehr rutschig!) geht man bis hinauf zum Gipfel. Kurz unterhalb davon trifft man auf eine Stelle mit Drahtseil, weniger, weil dort schwieriges Gelände zu überwinden wäre, sondern vor allem, weil es dort ein wenig ausgesetzt ist. Nach 20 Minuten

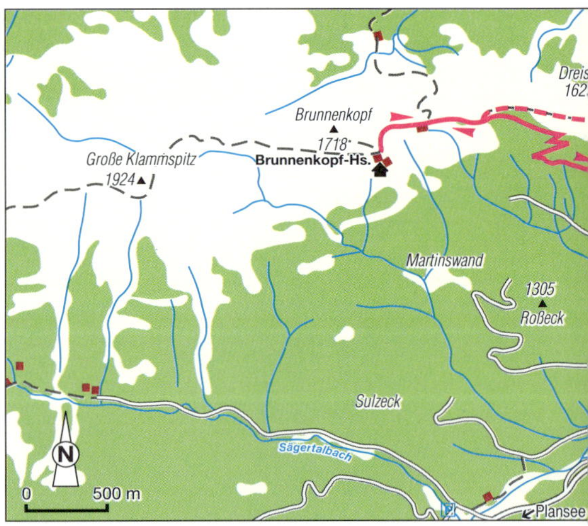

von der Hütte aus ist man am **Gipfelkreuz**. Von hier oben bietet sich eine sehr beeindruckende Rundsicht! Der Abstieg erfolgt auf dem Aufstiegsweg.

Wirklich trittsichere Bergsteiger werden angesichts der **Klammspitze** (1924 Meter), des beherrschenden Berges in der näheren Umgebung, natürlich Lust verspüren, diesen steilen, schroffen, wunderschönen Berg zu ersteigen, der das Graswangtal dominiert. So sehr man Wanderern wegen des schlechten, ausgesetzten Steiges und des lockeren Gesteins am Gipfelaufbau von dieser Tour abraten muß, so sehr kann man sie erfahrenen »Berglern« empfehlen. Der Weg ist bei guten Sichtverhältnissen leicht zu finden; der Steig ist markiert (rote Punkte auf Steinen). Stellenweise ist er in schlechtem Zustand, es gilt des öfteren, Sand- und Lehmreißen zu überwinden, und stellenweise, vor allem am Gipfelaufbau, muß man schon die Hände zu Hilfe nehmen. Zeit für das ganze Unterfangen: 1 ½ Stunden hin, 1 ½ Stunden retour. Von der Hütte folgt man dem Wegweiser Klammspitze; der Steig führt in der Südflanke des Brunnenkopfs zum Talschluß, dann steil durch ein Kar hinauf unter die Felsabbrüche und schließlich von Süden her durch Geröll und brüchigen Fels auf den Gipfel. Der Rückweg erfolgt auf dem Anstiegsweg. Für diese Tour braucht man unbedingt festes Schuhwerk, und bei Nässe ist von der Unternehmung abzuraten!

DER BESONDERE TIP

Bergerfahrene Wanderer haben nicht nur die Möglichkeit der Ersteigung der Klammspitze, sondern ihnen bietet sich eine ganz besonders schöne Tour von den Brunnenkopfhäusern aus an: Der Steig zum Pürschling. Es sei hier darauf hingewiesen, daß dieser Steig teilweise recht ausgesetzt ist. Er ist an Schwierigkeit durchaus dem auf die Klammspitze gleichzusetzen; also nur für Geübte, und nur bei trockenem Wetter zu empfehlen!

Man geht ein Stück von der Hütte talwärts, bis nach links der Steig (Wegweiser Pürschling) abzweigt. Diesem Steig folgt man über Dreisäuler, Hennenkopf und Laubeneck zum Pürschlinghaus (bewirtschaftet). Von hier folgt man der weißroten Markierung bzw. dem gelborangen Punkt ins Tal (Hinweisschilder Linderhof); an den diversen Forststraßen behält man am besten immer die Richtung des Weges bei. Die Markierungen sind hier nicht immer leicht zu finden, aber gelegentlich verweisen weißrot gestrichene Pfosten auf die Abzweigung des Weges von der Forststraße.

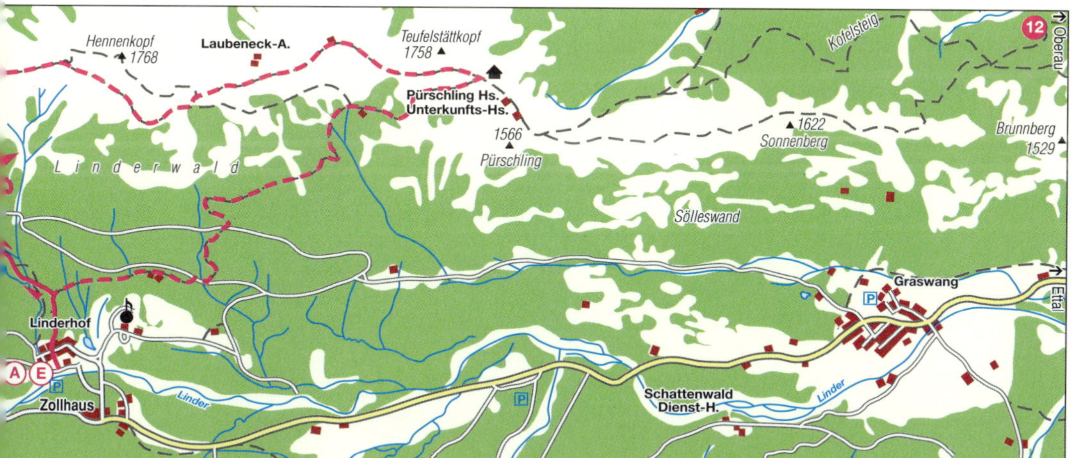

13 ETTALER MANNDL, LABER, LATSCHENKOPF

Schon weit von Norden, aus dem Loisachtal, sticht ein steiler Felszacken ins Auge. Es ist das Ettaler Manndl, das Wahrzeichen des Klosterdorfes. Und von der anderen Seite sieht man hoch oben, auf dem Laber, gigantische Parabolantennen. Nur der Latschenkopf ist wenig auffällig. Diese so unterschiedlichen Gipfel sind Ziel der Rundtour hoch über Oberammergau und Ettal.

INFO ZUR TOUR

Ausgangs- und Zielort:
Oberammergau, Ortsteil St. Gregor.

Tourencharakter:
Wanderung. Ein Teil über Forststraßen, meistenteils aber kleine Wege und Steige. Die Besteigung des Ettaler Manndls ist nur geübten Bergwanderern anzuraten, denn hier muß man steile Stellen mittels Drahtseil und Trittstiften überwinden. Am Latschenkopf etwas ausgesetzt.

Anfahrt:
Von der B 2 München–Garmisch in Oberau Richtung Augsburg/Oberammergau abbiegen. Hinauf zum Ettaler Sattel, durch Ettal und weiter bis Oberammergau. Hier folgt man dem Wegweiser »Laberbahn« bis zur Talstation.

Gehzeit:
5 Stunden, drei für den Auf- und zwei für den Abstieg.

Höhendifferenz:
Einschließlich aller Gegenanstiege 1000 Meter.

Markierung:
Wegweiser. Alpenvereinsmarkierung 246; weiß-rote Markierung an Bäumen und auf Steinen.

Kloster Ettal vor dem Estergebirge

Der Laber von Ettal

AM SCHÖNSTEN IM FRÜHSOMMER

Auch bei der Anfahrt nach St. Gregor, dem Ausgangspunkt dieser Tour, besticht das Ettaler Manndl durch seine schroffen Flanken, seine Unnahbarkeit. Doch wer sich zum Fuß des Gipfelaufbaus hinaufmüht, wird belohnt mit einer selten schönen Blumenpracht. An den Bergwanderer stellt das Ettaler Manndl recht hohe Anforderungen, will er hinauf zum Gipfelkreuz. Es ist allerdings weder hinsichtlich des Blicks noch hinsichtlich des Weiterwegs nötig, die letzten Meter hinaufzusteigen. Der Schönheit der Tour tut es keinen Abbruch, wenn man das Manndl nur umgeht und seine steilen Felswände bestaunt.

Die restlichen Wege bis zum Manndl und weiter zum Laber und zum Latschenkopf sind sehr gut gangbar. Sie sind hier in der Richtung Manndl–Laber–Latschenkopf beschrieben, weil so der Anstieg bequemer erscheint. Die umgekehrte Richtung kann genauso gewählt werden.

Die Tour beginnt am Parkplatz der Seilbahn auf den Laber, wo ein Schild »Laberberg/Ettaler Manndl« nach rechts weist. Anfangs führt ein wunderschöner Pfad über eine Wiese, die trotz der geringen Höhenlage Almcharakter hat. Bald stößt man auf einen schmalen gesandeten Promenadeweg, auf dem man bis zu einer Forststraße geht (Wer die Richtung Latschenkopf–Laber–Ettaler Manndl wandern will, muß auf der Forststraße ein paar Schritte nach rechts gehen, dann gleich wieder nach links; Hinweisschild zum Laber). Auf dieser Forststraße marschiert man nun nach links Richtung Osten. Sie läuft teils eben dahin, teils bergab. Nach einer relativ langen Strecke erreicht man einen Wegweiser nach rechts (ebenso Alpenvereinsmarkierung, Nr. 246), und jetzt geht es endlich richtig bergauf. Der Weg führt teils durch Wald, teils auf der Skiabfahrt bis zu einer Forststraße, auf der man gut 100 Meter

Ettaler Manndl und Laber von Oberammergau

bleibt. Dann kommt man auf einen Sattel, wo der Weg nach rechts abzweigt (Wegweiser reichlich vorhanden, aber schwer zu finden). Nicht lange danach biegt der Steig zum Ettaler Manndl nach links ab (Wegweiser an einem Baum, der sehr beeindruckend auf einem Felsen steht). Geradeaus geht es direkt hinauf zum Laber.

Nun wandert man über einen kleinen Buckel, und gleich unterhalb sieht man einen kleinen Flecken Sumpfgelände mit einem See, besser gesagt: einem Tümpel. Bald schon erreicht man einen Hang unterhalb des Manndl mit selten schönen Blumen. Gewöhnlicher Germer, Almrausch, Gelber Enzian, ja, mitten in Heidelbeersträuchern stehen Türkenbundlilien, daneben Gräser und Almwiesenblumen aller Art. Der Steig schlängelt sich durch all diese Herrlichkeiten, und mit einem Mal steht man vor dem Steilaufschwung des **Ettaler Manndl**.

Vor dem Hotel zur Post in Oberammergau

Aster am Ettaler Manndl

Friedhof an der Oberammergauer Pfarrkirche

Hier muß man sich entscheiden, ob man den Gipfel erklimmen will oder nicht. Wie gesagt, für trittsichere Bergwanderer ist das kein Problem, außer natürlich bei Nässe. Sicher befestigte Ketten gibt es fast den ganzen Anstieg über; das Warnschild vor Steinschlag am Fuß des Gipfelaufbaus ist vor allem dann sehr ernst zu nehmen, wenn viele Leute unterwegs sind. Dann kann es auch zu Engpässen kommen. Aber es muß ja nicht sein!

Egal, ob man dem Gipfel einen Besuch abgestattet hat oder nicht, nun geht's weiter Richtung Laber. Der Steig führt – leider! – recht weit abwärts, um dann wieder anzusteigen. Schon bald kommt wieder die Bergstation des **Laber** ins Blickfeld. Vom Manndl aus sind es gut drei Viertelstunden bis zum Gipfel.

Wenn man Glück hat, ist die Sicht gut; dann liegt das Wettersteingebirge zum Greifen nahe vor dem Wanderer, die Zugspitze, Höllentalspitzen und Alpspitze, und weiter im Osten das Estergebirge, das man von hier aus am besten einsehen kann. Im Westen erheben sich die Ammergauer Alpen, und nach Norden hinaus kann man die Seen um Murnau, das Murnauer Moos und tief unten Oberammergau betrachten.

Gleich an der Bergstation sind Wegweiser aufgestellt. Beim Schild, das den weiteren Weg anzeigt, steht der Zusatz »Nur für Geübte«. So sehr dieser Hinweis normalerweise angebracht ist, hier muß er unter dem Aspekt gesehen werden, daß viele völlig bergunerfahrene Menschen per Seilbahn auf den Laber kommen und gewarnt werden müssen vor steileren Stücken, vor schmalen, kleinen Pfaden. Der Weiterweg ist also keinesfalls nur ausgesprochenen Bergsteigern zuzumuten, sondern allen, die sich im Gebirge sicher bewegen können. Es gibt keine Schwierigkeiten, ein paar

☞ AUF EINEN BLICK

Empfohlene Jahreszeit:
Der Frühsommer ist die schönste Jahreszeit für diese Tour, der Flora wegen.

Öffentliche Verkehrsmittel:
Oberammergau ist Endstation der Bahnlinie Murnau-Oberammergau. Zugverkehr nahezu stündlich. Vom Bahnhof mit dem Bus Richtung Garmisch-Partenkirchen bis Haltestelle Aufackerstraße. Von dort zu Fuß weiter bis zum Parkplatz an der Talstation der Laber-Bahn. Von Garmisch-Partenkirchen Busverkehr bis Oberammergau.

Empfohlene Gebietskarte:
Bayerisches Landesvermessungsamt 1:50 000, Blatt Karwendelgebirge/Werdenfelser Land bzw. Pfaffenwinkel/Staffelsee.

Einkehrmöglichkeit am Weg:
Berggasthof Laber an der Bergstation der Laber-Bahn.

Unterkunft:
In Ober- und Unterammergau, in Ettal und Graswang zahlreiche Gasthäuser, Hotels und Pensionen.

Camping:
Campingplätze am Staffelsee bei Seehausen, am Riegsee (in der Nähe von Murnau), in Garmisch (an der B 23 Richtung Reutte) und am Tennsee an der B 2. In unmittelbarer Nähe keine Campingmöglichkeit.

Bademöglichkeit:
Schwimmbäder in Ettal und Oberammergau.

Sehens- und Wissenswertes:
Das Oberammergauer Heimatmuseum gibt einen Überblick über verschiedene kunsthandwerkliche Erwerbszweige der örtlichen Bevölkerung einst und heute. Die Ausstellung zeigt Arbeiten der Holzschnitzerei (sehr sehenswert die große Krippe mit 120 Puppen und 80 Tieren), der Wachsmodelherstellung und der Hinterglasmalerei. Geöffnet vom 15. Mai bis 15. Oktober sowie in den Oster- und Weihnachtsferien täglich außer Montag 14–18 Uhr; in der Zeit vom 16. Oktober bis 14. Mai samstags 14–18 Uhr.

Alternativen für schlechtes Wetter:
Eine Wanderung im Tal kann man auch bei schlechtem Wetter machen; Vorschlag: Bahnhof–neuer Friedhof–Ettaler Mühle–Ettal–Oberammergau/St. Gregor–Bahnhof. Bis auf wenige Teilstücke schöne, ruhige Wanderwege!

Auskunft:
Verkehrsamt Oberammergau, Rathaus, Schnitzlergasse 5, 82487 Oberammergau; Tel.: (0 88 22) 10 21.

wenige steile, felsige Stücke am Latschenkopf sind aber zu bewältigen.

Von der Bergstation geht es Richtung Westen. In vielem Auf und Ab erreicht man den **Latschenkopf**. Hier eröffnet sich eine grandiose Aussicht auf einen Felskamm, der sich von Westen her heraufzieht und der eigentlich erst im Ettaler Manndl seinen Abschluß findet.

Jetzt marschiert man wieder bergab, und bald quert man unter der Seilbahn nach Osten; wenn man die **Laberalm** (hier eine Holzhütte) erreicht, hat man die Hälfte des Abstiegs hinter sich. Nun erreicht man ein Waldstück, das enorme Sturmschäden aufweist; der Weg ist allerdings in sehr gutem Zustand. Dann passiert man Almwiesen und wieder Wald, und schon ist man auf der Forststraße und, hat man diese überquert, auf dem Promenadeweg. Die letzten Meter geht man wieder über die Wiese, wie oben beschrieben.

Nun war man gut fünf Stunden unterwegs. Ein guter Teil läßt sich einsparen, wenn man die Bahn benützt. Kürzt man die Route durch eine Bergfahrt ab, ist der Abstieg über das Ettaler Manndl mehr zu empfehlen, weil man weiter herumkommt, die Felsen des Manndl sieht und die Ausblicke genießen kann.

DER BESONDERE TIP

Nicht nur im Sommer, auch im Winter hält das Ammer- und Graswangtal viele Sportmöglichkeiten bereit. Es sind in erster Linie Skiwanderer und Langläufer, für die das Tal geradezu ideal ist. Durch seine geschützte Lage ist es sehr schneesicher; wenn anderswo längst die weiße Pracht zerronnen ist, findet man um Oberammergau noch genügend Untergrund für seine Bretter. Zudem sind die Loipen nicht zu schwierig. Wer gerne lange Strecken läuft, kann sich hier auf nahezu 100 Kilometern austoben. Und jedes Jahr ist an zwei Tagen »König-Ludwig-Lauf«; vom Anfänger bis zum Spitzenkönner wird jedem eine echte Herausforderung geboten!

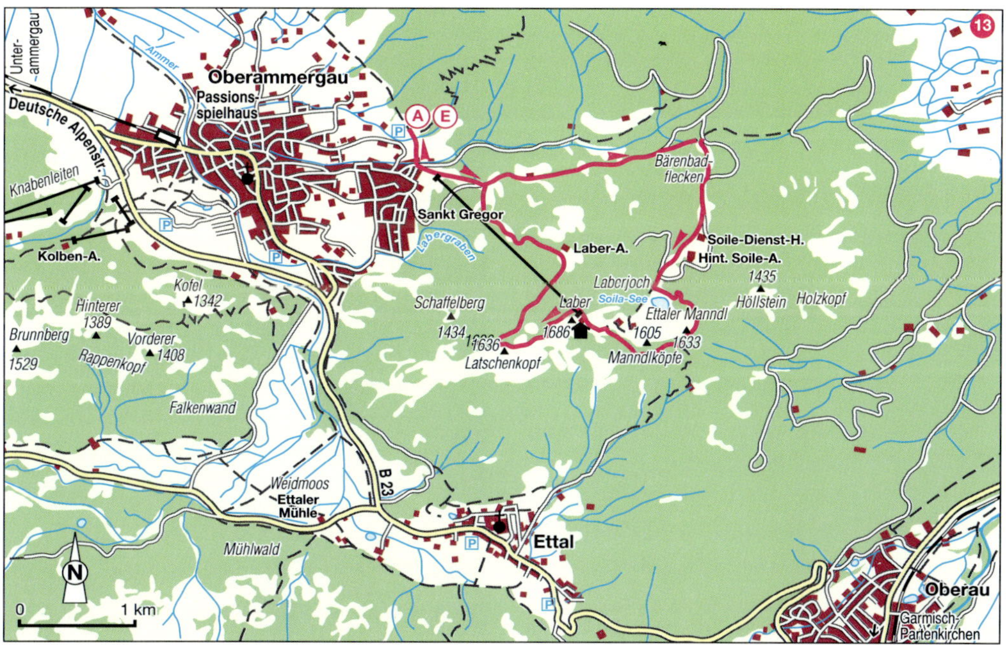

14 VON KRÜN AUF DEN KROTTENKOPF

Das Estergebirge, ein Gebirgszug zwischen dem Isar- und dem Loisachtal, wirkt, von Krün aus betrachtet, wie ein etwas freundlicherer Widerpart des Karwendelgebirges. Statt schroffer Zinnen zeigt es grüne Matten, von Süden zumindest. Die hier beschriebene Tour führt durch die Wälder am Fuße des Krottenkopfs und über die weiten Süd- und Osthänge hinauf zur Weilheimer Hütte und zum Gipfel, dem mit 2086 Metern höchsten Punkt der Gebirgsgruppe.

INFO ZUR TOUR

Ausgangs- und Zielort: Krün.

Tourencharakter:
Sehr lange Wanderung, am besten als Zweitagestour zu unternehmen. Im unteren Bereich viele Forststraßen, sonst gut gangbare Steige ohne nennenswerte Schwierigkeiten.

Anfahrt:
Auf der B 11 über Kochel–Walchensee–Wallgau nach Krün; über die B 2 von Garmisch-Partenkirchen Richtung Mittenwald bis Abfahrt Krün.

Gehzeit:
5 Stunden im Aufstieg, 3½ bis 4 Stunden im Abstieg.

Höhendifferenz:
Einschließlich der Gegenanstiege 1500 Meter.

Markierung:
Rote bzw. hellblaue Punkte; Wegweiser.

Blick von der Wallgauer Alm ins Wettersteingebirge

Ein Vorgipfel des Krottenkopfs

EIN WENIG BESUCHTER GIPFEL

Die Tour auf den Krottenkopf ist eine recht anstrengende Unternehmung. Obwohl durchaus an einem Tag zu bewältigen, wird hier dennoch geraten, sie mit einer Übernachtung auf der kurz unterhalb des Gipfels gelegenen Weilheimer Hütte zu verbinden. Das hat einmal den Vorteil, nach einem gut fünfstündigen Aufstieg nicht wieder dreieinhalb Stunden bergab marschieren zu müssen; sehr zu empfehlen ist darüber hinaus die Besteigung der Hohen Kisten und des Hohen Rißkopfs nordwestlich der Hütte. Das alles ist nur möglich, wenn man über Nacht auf der Hütte bleibt.

Vom Ortsrand von Krün geht man die Krottenkopfstraße entlang und dann dem Wegweiser Krüner Alm nach. Bald kommt man an einen Holzlagerplatz und an eine Furt über den – allerdings meist völlig trockenen – **Finzbach**. Jenseits steigt die Straße an. Es folgt ein Gatter, und gleich dahinter die Abzweigung eines Weges zur Finzbachklamm. Nach etwa einer Stunde Fußmarsch erreicht man eine Gabelung, an der man nach rechts abbiegt (Wegweiser Krüner Alm über Wallgauer Alm). Ein weiterer Weg führt direkt hinauf zur Krüner Alm. Er ist etwas kürzer als der Weg über die Wallgauer Alm, der hier wegen seiner schönen Aussicht auf Karwendel- und Wettersteingebirge beschrieben wird.

Nach einem guten Stück kommt von rechts ein Steig von Wallgau herauf; er überquert hier die Forststraße. Man folgt diesem Weg (Markierung: rote Punkte an Bäumen und Felsen). Von hier wandert man in sehr schönem alten und lichten Mischwaldbestand, einer Waldweide. Schon bald tritt man aus dem Wald heraus auf offene Almwiesen. Hier verliert sich der Weg zunächst etwas, aber man sieht, von einer kleinen Hütte aus, ein Wetterkreuz. Dort nun finden sich wieder Markierungen und ein Steig (blaue Markierungen auf Felsen), der von der etwas weiter unterhalb gelegenen Wallgauer Alm heraufkommt; die Alm kann man von hier aus nicht sehen.

Krün, im Hintergrund der Krottenkopf

Lüftlmalerei in Krün: der hl. Leonhard

Auf diesem Steig nun hinüber zur **Krüner Alm**. Kurz unterhalb der Krüner Alm (sie ist nur sporadisch bewirtschaftet!) trifft der Steig mit dem Weg zusammen, der von der obengenannten Weggabelung direkt zur Krüner Alm führt.

Von hier aus hat man einen sehr schönen Blick auf den östlichen Ausläufer des Krottenkopfs. In dessen Richtung marschiert man, an der Hütte vorbei, über Almgelände zum nahen Wald (an der Hütte kein Wegweiser, blaue Markierungen undeutlich an Felsen; am Eintritt in den Wald dann wieder Wegweiser Weilheimer Hütte und Krottenkopf). Man quert nun, auf sehr gut gangbarem Weg, die steilen Südwesthänge des Klaffen, steigt auch etwas ab, um schließlich zur verfallenen **Lochtal-Alm** zu kommen, von der aus man schon die Weilheimer Hütte sehen kann. Man gelangt jetzt in einen Talkessel, dessen Charakter eine karge Almwiese, Latschen und Felsen bestimmen. Die Abbrüche des

Wallgau vor dem Wettersteingebirge

Krottenkopfs, die Gipfel ringsum – Sie sind in einer hochalpinen Umgebung! Den Talkessel verläßt man wieder auf der rechten Seite, wo schon bald der Wallgauer Steig mündet. Nun geht es weiter, bis man, kurz unterhalb des Grates, der die Hohe Kisten mit Archtal- und Schindlerskopf verbindet, auf den Steig von der Weilheimer Hütte nach Eschenlohe trifft. Hier wendet man sich nach links, und bald erreicht man die Höhe dieses Grates. Von hier hat man einen buchstäblich atemberaubenden Tiefblick ins Loisachtal.

Nicht mehr weit ist es nun zur **Weilheimer Hütte**. Hier kann man nun einkehren und sich stärken, oder man nimmt die letzten 140 Höhenmeter hinauf zum Gipfelkreuz sofort unter die Füße. Der Steig führt durch die recht steilen und felsigen Abbrüche des Krottenkopfs; er ist allerdings sehr wanderfreundlich angelegt, bietet keine Gefahren oder Schwierigkeiten. Am **Gipfel** bietet sich eine ganz hervorragende Aussicht auf alle Berge, die in diesem Wanderführer beschrieben sind, aber vor allem auf die spitzen Zacken des Karwendelgebirges und auf die beeindruckenden Gipfel und Wände des Wettersteingebirges, voran Zugspitze und Alpspitze.

Als Abstiegsweg wird hier der Weg über die Hintere Esterberg-Alm beschrieben. Bei der Hütte stehen zwar mehrere Wegweiser, der hier vorgeschlagene Weg allerdings ist auf keinem angezeigt. Er ist aber dennoch sehr leicht zu finden: Man folgt von der Hütte aus einem Steig nach Südwesten, immer der Materialseilbahn nach. Zuerst geht es über Almgelände, dann durch eine kurze Latschenzone hinunter. Schon bald kommt man zur Talstation der Materialseilbahn. Hier beginnt ein Fahrweg, der hinunterführt auf den Almboden der **Esterberg-Alm**. Bei der Einbiegung auf die Fahrstraße von Krün zur Esterberg-Alm

☞ AUF EINEN BLICK

Empfohlene Jahreszeit:
Der Krottenkopf ist ein Aussichtsberg – er ist dem Karwendel- und dem Wettersteingebirge vorgelagert –, und die Sicht ist im Herbst am besten. Die Tour ist vom Frühsommer bis in den späten Herbst möglich.

Öffentliche Verkehrsmittel:
Der Bus von Kochel über Walchensee oder von Klais an der Bahnstrecke München–Mittenwald verkehrt ab 6 Uhr morgens.

Empfohlene Gebietskarte:
Bayerisches Landesvermessungsamt 1:50 000, Blatt Karwendelgebirge/Werdenfelser Land.

Einkehrmöglichkeiten am Weg:
Krüner Alm (nicht immer bewirtschaftet); Weilheimer Hütte; Finzalm.

Unterkunft:
Weilheimer Hütte der Sektion Weilheim des DAV, unterhalb des Gipfels in 1955 Meter Höhe gelegen; Betten und Matratzenlager, Tel.: (0 88 24) 81 84. Zahlreiche Hotels und Gasthäuser in Krün und Barmsee.

Camping:
Campingplatz rechts der Strecke Garmisch–Reutte an der B 23. Campingplätze am Tennsee und am Isarhorn zwischen Garmisch-Partenkirchen und Mittenwald.

Bademöglichkeit:
Hallenbad in Mittenwald. Badeplätze an Walchensee und Barmsee.

Sehens- und Wissenswertes:
Die Wasser aus dem Karwendel- und Estergebirge speisen die Kraftwerke Niedern- und Obernach und Walchensee. 1918 wurde der Bau des Walchenseekraftwerks beschlossen, und nach sechs Jahren ging es ans Netz. Heute leistet es 124 500 Kilowatt. Die Jahresleistung beträgt 320 000 000 Kilowattstunden. Die Kraftwerke Niedern- und Obernach stammen aus den fünfziger Jahren. Das für die Stromerzeugung nötige Wasser wird gefaßt (was man am Finzbach beobachten kann) und durch Stollen zu den Reservoirs der Kraftwerke geleitet.

Alternativen für schlechtes Wetter:
Rundwege um den Barmsee, Wege nach Klais oder Mittenwald. Sie sind durchgehend bezeichnet. Rückfahrt per Bus. Oder Besuch des Walchensee-Kraftwerks in Kochel am See.

Auskunft:
Verkehrsamt Krün, Schöttelkarspitzstr. 15, 82494 Krün; Tel.: (0 88 25) 20 31.

hält man sich links. Der Fahrweg verläuft in stetigem Auf und Ab am orographisch linken Ufer des Finzbachs hinab. Kurz bevor die Straße den Finzbach überquert, hält man sich halblinks, bleibt also auf der linken Seite des Bachs (Wegweiser nach Krün). Der Weg wird hier immer kleiner, schließlich ist es nur mehr ein Steig, der durch sehr urwüchsige Landschaft führt, von oben herabstürzende Bäche überquert und immer wieder kleinere Steilstufen überwindet. Schließlich kommt man zur sommers bewirtschafteten **Finzalm**. War man bislang nur wenigen Wanderern begegnet, trifft man jetzt plötzlich auf sehr viele Leute, die den Weg hier heraufgefunden haben.

Ab der Finzalm geht man auf einer Forststraße talauswärts. Nach einem längeren Gegenanstieg kommt man an die Weggabelung, die oben beschrieben ist, und damit auf die Forststraße, die schon beim Aufstieg benutzt wurde. Auf dieser marschiert man weiter abwärts bis zum Wegweiser **Finzbachklamm**. Der Weg hinunter zur Klamm ist mit roten Punkten an Bäumen markiert; es ist ein kleiner, aber gut gangbarer Steig überwiegend durch hohen Mischwald.

Hat man, nach einem letzten Steilstück, den Talboden des Finzbachs erreicht, kann man nach rechts zur Klamm wandern. Zum Ausgangspunkt der Tour aber geht es nach links, teils den Bach entlang, teils oberhalb desselben. Schließlich kommt man an das Wasserschloß der Finzbachableitung und auf einen breiten Spazierweg, der nach einem kurzen Stück an der Forststraße endet. Von hier ist es nur mehr ein halber Kilometer zum Ausgangspunkt der Tour. Ein weiter, aber sehr lohnender Weg liegt hinter dem Bergwanderer; und für manchen vielleicht der Höhepunkt eines Urlaubs.

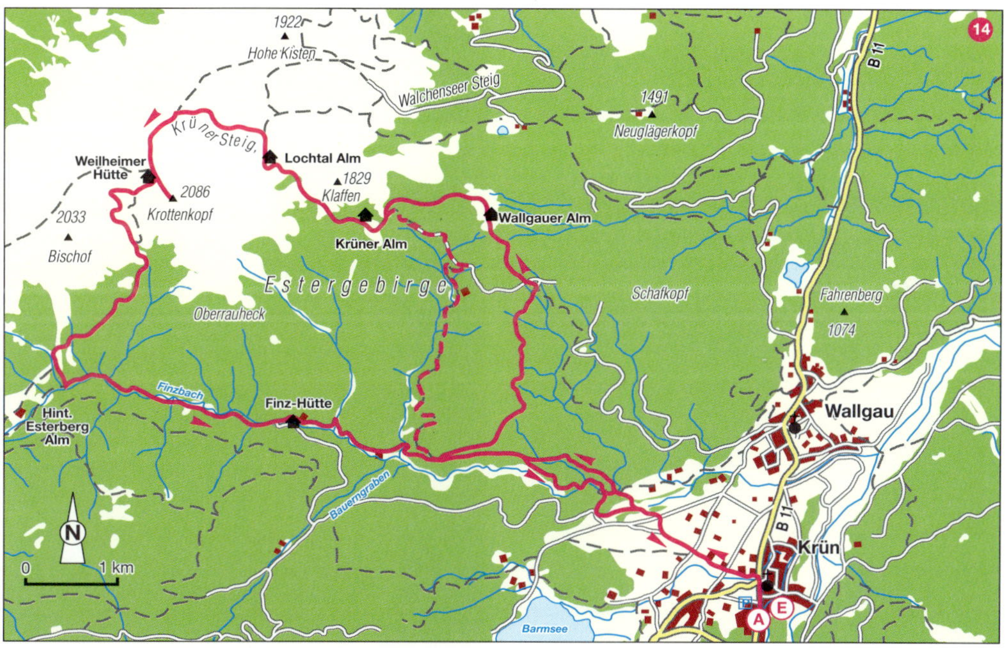

15 SOIERN-UMRUNDUNG

Soiern-, Schöttelkar- und Reißende Lahnspitze bilden ein wuchtiges Ensemble, vor allem von Westen, von Garmisch und vom Weg nach Mittenwald, betrachtet. Um diese Karwendelberge herum führt diese Bergwanderung, ein Weg, der sehr weit ist, aber an Ursprünglichkeit und Kontrasten nichts zu wünschen übrig läßt. Dem trittsicheren Bergwanderer bieten sich zudem zwei Gipfel-»Abstecher« an: Die Gumpenkarspitze (2010 Meter) und die Soiernspitze (2259 Meter), beide vom Weg aus in relativ kurzer Zeit zu ersteigen.

INFO ZUR TOUR

- **Ausgangs- und Zielort:** Krün.
- **Tourencharakter:**
Lange Bergwanderung auf zum Teil sehr ausgesetzten Steigen (die gefährlichen Stellen lassen sich aber umgehen!). Im unteren Bereich Forststraßen. Einige Teile des Weges sehr wenig begangen, andere sehr stark frequentiert.
- **Anfahrt:**
Über die B 2 von Garmisch-Partenkirchen bis zur Abzweigung Krün; oder von Kochel auf der B 11 bis Krün.
- **Gesamtlänge:** 28 Kilometer.
- **Gehzeit:** 9 bis 10 Stunden.
- **Höhendifferenz:** 1200 Meter.
- **Markierung:**
Teilweise rote Punkte; Wegweiser.

Schöttelkarspitze, davor das Soiernhaus

AUS DEM TRUBEL HINAUF IN DIE STILLE

Die Soiern-Umrundung ist eine Tour, die dem Bergwanderer das Karwendelgebirge erschließt. Sind die meisten Wege auf die »echten« Karwendelgipfel doch mit gewissen Schwierigkeiten verbunden, bewegt sich der Wanderer hier in unschwierigem, wenn auch nicht immer völlig ungefährlichem Gelände (Lakaiensteig). Die Tour bietet alles, was das Karwendelgebirge so interessant macht: Tief eingegrabene Schluchten und Bäche, großzügige Anstiege, bizarre Felsformationen, sanfte Joche, eine reiche Tier- und Pflanzenwelt, kleine Seen – und die wildeste Umgebung, die man sich nur denken kann. Für wirklich geübte Wanderer gibt es auf der Umrundung auch genug Möglichkeiten, Gipfel zu ersteigen; in erster Linie seien hier die wunderschöne Schöttelkarspitze und die Soiernspitze genannt. Es muß jedoch darauf hingewiesen werden, daß im Karwendelgebirge von den Hütten aufwärts die Wege im Grunde sich selbst überlassen sind. Lawinen und vor allem sommerliche Gewitterregen zerstören immer wieder die kleinen Steige und lassen eine Ersteigung der Gipfel rund um die hier beschriebene Tour oft recht schwierig werden.

Da die Tour sehr weite Strecken umfaßt, wird zumindest all jenen, die den einen oder anderen Gipfel bewältigen wollen, sehr empfohlen, sie für zwei Tage anzulegen. Für die Übernachtung kommt dann das Soiernhaus in Frage.

In Krün biegt man vor oder hinter der Kirche Richtung Karwendelgebirge ab und

△ **Wettersteingebirge vom Abstieg von der Fereinalm**

Soiernseen vom Aufstieg zur Schöttelkarspitze ▷

▽ **Steinmannbau an der Gumpenkarspitze**

▽ **Auf dem Weg vom Soiernhaus zur Jägersruh**

folgt den Schildern zum Wanderparkplatz. Von hier geht man ein Stück zurück um das Sägewerk herum und auf der Straße weiter zur **Isarbrücke**. Unmittelbar hinter der Brücke kommt man auf den Isarrundweg, (Wegweiser Schöttelkarspitze/Soiernspitze), auf die man links einbiegt. Man bleibt auf der Forststraße (erst im Isartal, dann ansteigend), den Wegweisern zum Soiernhaus folgend. Es geht nun meist recht zügig bergauf bis zur **Fischbachalm** (ca. 1400 Meter). Hier verzweigt sich der

Am Lakaiensteig vor der Soiernspitze

Weg: Nach rechts geht es über den Lakaiensteig (heißt so, weil die Diener Ludwigs II. ihn benutzten, um schneller zum Jagdhaus am Soiernsee zu kommen) zum Soiernhaus. Dieser Steig ist jedoch in einigen Teilen sehr ausgesetzt, bei weitem nicht überall durch Drahtseile gesichert und nur wirklich trittsicheren Bergwanderern zu empfehlen; bei Nässe oder Schnee abzuraten! Der Zeitgewinn ist nicht bedeutend. Allerdings ist dieser Weg landschaftlich das reizvollste Stück der ganzen Tour. Geradeaus geht es auf der Straße weiter, ein Stück hinab zum **Hundstall** (früher eine Alm). Bald überquert die Straße den Fisch-

bach, der zum Rißbach hinunterfließt (der Rißbach ist trocken, denn sein Wasser wird für das Walchenseekraftwerk abgezapft), und führt zum Ende des Talkessels. Hier ist die Talstation der Materialseilbahn zum Soiernhaus. Es beginnt nun ein Weg, der in großen Serpentinen rasch hinaufsteigt zum Sattel vor den Soiernseen. Dort geht es nach rechts bergauf zum **Soiernhaus** (Wegweiser). Nach etwa 3½ Stunden ist man auf der Hütte angelangt.
Ein Hinweis: Bis zur Fischbachalm gibt es keine Wasserstellen, dann aber kommen klare Bäche herunter, deren Wasser man gerne genießen wird.

Es sei hier kurz der Weg zur **Schöttelkarspitze** beschrieben, die im Westen des Soiernhauses aufragt: Von der Hütte folgt man dem Wegweiser Schöttelkarspitze. Anfangs ist der Weg sehr schön angelegt, gut zu gehen, mit großartigen Ausblicken auf die Soiernspitze und die Soiernseen. Im weiteren Verlauf quert der kleine Steig Sand- und Schuttreißen; sie sind zum Teil auf nur schuhbreiten Pfaden zu bewältigen; sehr ausgesetzt! Weiter oben folgen Serpentinen und dann ein recht felsiges Stück zum Gipfel. Wie schon gesagt, nur etwas für sehr trittsichere Bergsteiger!

Vom Soiernhaus marschiert man nun wieder abwärts zum Sattel. Hier führt ein Wegweiser Jägersruh/Vereinsalm nach rechts. Gleich darauf wendet man sich nach links (ebenfalls Wegweiser). Der Weg hinauf zur **Jägersruh** verläuft in Serpentinen durch zum Teil grasiges, zum Teil steiniges Gelände. Vom Sattel aus kann man die Krapfenkarspitze (2110 Meter) oder die Gumpenkarspitze (2009 Meter) erklimmen; ein leichter Anstieg, nur im oberen Teil steil und schotterig.

Man wandert nun nach Süden hinunter, quert die Ostabstürze der Soiernspitze (an einer Weggabelung Wegweiser Jöchl und

☞ AUF EINEN BLICK

Empfohlene Jahreszeit:
Die Färbung des Laubes, die Sicherheit des Wetters und die Sicht machen den Herbst zur besten Jahreszeit. Das Soiernhaus ist allerdings ab Mitte Oktober geschlossen.

Öffentliche Verkehrsmittel:
Von Kochel bzw. Klais verkehrt nahezu stündlich ein Bus nach Krün. Haltestelle in der Mitte des Dorfes. Nach Klais bzw. Kochel mit der Bahn (Linien München–Mittenwald bzw. Tutzing–Kochel am See).

Empfohlene Gebietskarte:
Bayerisches Landesvermessungsamt 1:50 000, Blatt Karwendelgebirge/Werdenfelser Land.

Einkehrmöglichkeiten am Weg:
Fischbachalm; Soiernhaus der DAV-Sektion Hochland; Jägerhaus auf der Fereinalm.

Unterkunft:
Soiernhaus (1616 Meter), geöffnet von Pfingsten bis Mitte Oktober, Tel.: (01 71) 5 26 58 58.

Camping:
Campingplätze am Tennsee und am Isarhorn zwischen Garmisch-Partenkirchen und Mittenwald.

Bademöglichkeit:
Hallenbad in Mittenwald. Badeplätze an Walchensee und Barmsee.

Sehens- und Wissenswertes:
Auf der Isar ab Mittenwald wurde bereits im 12. Jahrhundert mit Flößen gearbeitet. Damit konnten Waren auf dem günstigen und relativ schnellen Wasserweg isarabwärts gebracht werden. Erst der Bau der Kesselbergstraße im Jahre 1492 nahm dem Floßverkehr etwas an Bedeutung, doch wurde noch bis ins 20. Jahrhundert hinein geflößt. Der Bau des Walchenseekraftwerks und die damit einhergehende Fast-Trockenlegung der Isar machte die Flößerei unmöglich. Erst ab Wolfratshausen sind heute wieder Flöße zu Vergnügungszwecken unterwegs.

Alternativen für schlechtes Wetter:
Bei schlechtem Wetter lohnt ein Besuch im Walchenseekraftwerk in Kochel. Wer eine Wanderung unternehmen will, kann auf den Talwanderwegen zum Barmsee oder zur Aschauer Alm und weiter zur Fereinalm oder nach Mittenwald marschieren.

Auskunft:
Verkehrsamt Krün, Schöttelkarspitzstr. 15, 82494 Krün; Tel.: (0 88 25) 20 31.

Vereinsalm) und geht in großem Bogen hinüber nach Süden und Westen. Der Weg steigt dann etwas an und führt auf das **Jöchl** (Hirzeneck; 1788 Meter).

Wer auf die Soiernspitze hinauf will, folgt dem kleinen Steig (Wegweiser Soiernspitze) über den Südgrat zum Gipfel; 1¼ bis 1½ Stunden müssen dafür veranschlagt werden.

Vom Jöchl geht man geradeaus weiter, dem Wegweiser zur Fereinalm (Vereinsalm) nach. Der Weg verläuft zügig bergab, quert ein kurzes sumpfiges Gebiet und führt dann durch dichten Latschenbewuchs hinunter zur **Fereinalm**. Auf dem Almgelände liegt ein kleiner See. An seinem Ufer wandert man entlang und hinauf zur Forststraße, auf der man bis in Talnähe geht. Man kommt dann auf den Isartaler Rundwanderweg, dem man nach links folgt (genauer: man bleibt auf der Forststraße).

Das letzte Stück ist etwas mühsam: mehr als 3½ Kilometer auf der Forststraße! Doch es kommen immer wieder Bäche herab, und man kann auch, den Wegweisern Isarstausee und Isarbrücke folgend, einen guten Teil auf einem Wanderweg zurücklegen. Von hier aus hat man nicht nur einen schönen Blick auf die (Rest-)Isar, sondern hinüber zum Estergebirge, zum Bischof, Krottenkopf und Simetsberg. Nach nicht ganz einer Stunde Talmarsch ist die Isarbrücke und damit der Ausgangspunkt wieder erreicht.

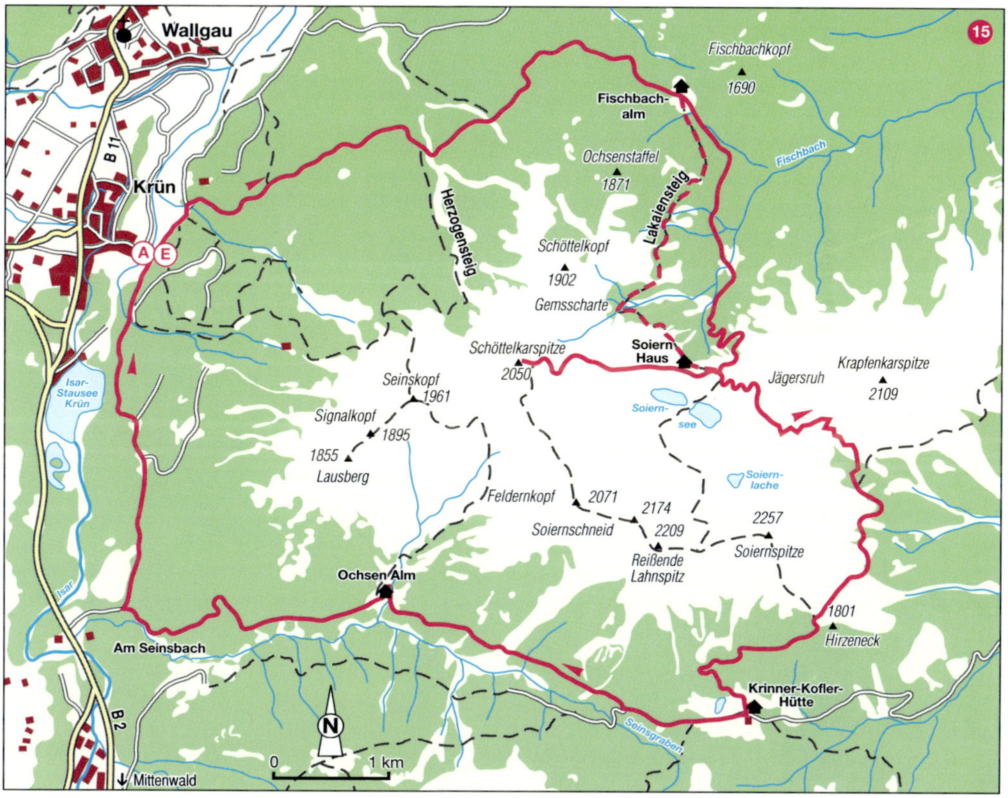

ORTSREGISTER

Die geraden Ziffern verweisen auf Text-, die *kursiven* auf Bildseiten.